旧石器・国語辞典

中高生への遺言

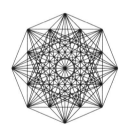

小島 八良右衛門
KOJIMA Hachirouemon

文芸社

空海の「書」の象形文字（編者自筆）は、嶺より湧き出ずる雲により雨が降りそそがれ、それらの滴りがやがては川となりゆく様として描かれており、まさしく天と地の万象を写し取ることが書くことだと識した。

目次

まえがき

おそらく縄文時代に先立つ旧石器時代後期（三万八千年前頃）の空と海とを見守っていたであろう風神と雷神の神慮こそが、今日ごく普通に語られている言葉の初発を内蔵していたと考えられる。一説には今から八万年前に人類はすでに「言葉」を発出していたとも考えられている。原人・ホモエレクトス。人類も「コトバ」もアフリカ起源なのだろう。

カブトガニやイクチオステガが誕生した二億年前にはすでに大脳新皮質が出来上がっていたと考えられる。四万年前の氷河期、ホモサピエンスの脳はネアンデルタール人に比べ、百四十ミリリットル軽かった。そのために複雑な石器を作ることが出来た。スペインのエル・シドロン洞窟などでの調査により、二〇一〇年ヒト型ＦＯＸ Ｐ2というホモ特有の遺伝子を発見したと言う。この遺伝子こそが言語能力を高め、知識などを伝えることで狩りなどの技術の向上をも実現させたのである。

人類の祖は、今から八百万年前から三百万年前くらいの時期に直立歩行を始めた。この頃、日本列島は現在に近いドラゴンのような形が出来たと考えられる。それに先立つ一億数千年前には白亜紀のイザナギプレートが沈んだ歴史を持つ。その後二百五十万年ほど前に脳の増大が実現し、七十万年前には火の使用が開始されたのである。そのおよそ二十万年前にアフリカで現生人類が出現した。その後さらにホモサピエンスの末裔たちは二万五千年くらい前に日本列島に到着したと考えられる。この時期はまさしく旧石器時代に当たり、アフリカとヨーロッパではすでに最初の芸術といえるものが認められる。我が国では三万年前、鹿児島県姶良《あいら》で巨大なカルデラが噴火し、関東でも十センチほどの降灰があったと最近の調査で判明した。昨年秋、三万年前に絶滅したネアンデルタール人のDNAは、アフリカを除く人類の祖先の四パーセントと交雑していたとドイツのスバンテ・ペーボ博士が発表し、ノーベル生理学・医学賞が与えられた。

　石を道具として使いすでに縄を編んでいたこの時代、人は森羅万象から呼びかけてくる様々な音振りに共鳴しつつ、少しずつそれらの音魂に反応し模倣したのではないだろうか。自然と人間とが一体化した時に、心に刻まれる感動と心のどよめきに注視したいのである。生き延びるための一日は至難を極めたに違いなく、とりわけ「火」をおこすまでの期間はいかなる苦難であったか。あるいは雷神の導きにより突然に発見されたのだろうか。

　弥生時代に中国から伝えられた漢字以前は、いわゆる大和ことばの世界であり、音読みではなく訓読みの領域である。縄文時代に発達した建造物や衣料や土器などの制作を経て、稲を育て始めた弥生時代に至る過程で、まさしく包括的に発展されたと想像出来る。風の音から虫や鳥や動物たちの声、森のざわめき、流れる水音、打ち寄せる波音、そして雷鳴と嵐。

さて、本書で取り上げる「ひふみ祝詞《のりと》」とは、人間の存在理由や営みにとり重要なことがらを数値を以って優先順位を決めた、稀なる能力が発揮された文学であり呪文である。

さらに人生観と世界観をも視野に入れた傑作である。

ひふみ
よいむなや
こともちろらね
しきる
ゆゐつわぬ
そをたはくめか
うおゑ
にさりへて
のますあせえほれけ

右は「ひふみ祝詞」四十七文字の全文であるが「ゐ」「ゑ」「を」は歴史的かなづかいで

あり、「ゐ」は為から「い」は以から、「ゑ」は恵から「え」は衣から、「を」は遠から「お」は於の草体《そうたい》である。また「ヰ」は井の変形である。どれも大方《おおかた》平安時代までは、区別されていたが、鎌倉時代以降は区別されることなく、「あ行」と「や行」の両立が原因と考えられる。祝詞は今でも万葉がなで書かれているのは、上代の習慣の名残と考えられる。現代人には「ろ」までは判読出来るがその後は数の単位で言えば、億兆京垓……といわば限りなき宇宙を表現したとも考えられる。

言魂年表に記したように、縄文時代に神代文字が発案、出現した。ひふみ祝詞をはじめ、ホツマツタエ、フトマニ、あわ歌（あいうえおの原型）、カタカムナ文字、縄文文字ヲシテに依るトホカミエヒタメ暦などである。人類が生きていくための智恵であったに違いない。数値は、暦と共に大古の人々にとり必須だったに違いない。

文字は、かつて図形や記号なりいわゆる象形などがまず誕生し、言語以前のコミュニケートや種々の道しるべとなったに違いない。ここでその一例として、神代文字を左記に転載する。

カタカムナ文字によるひふみ祝詞
『神代文字で治療師になる』片野貴夫著

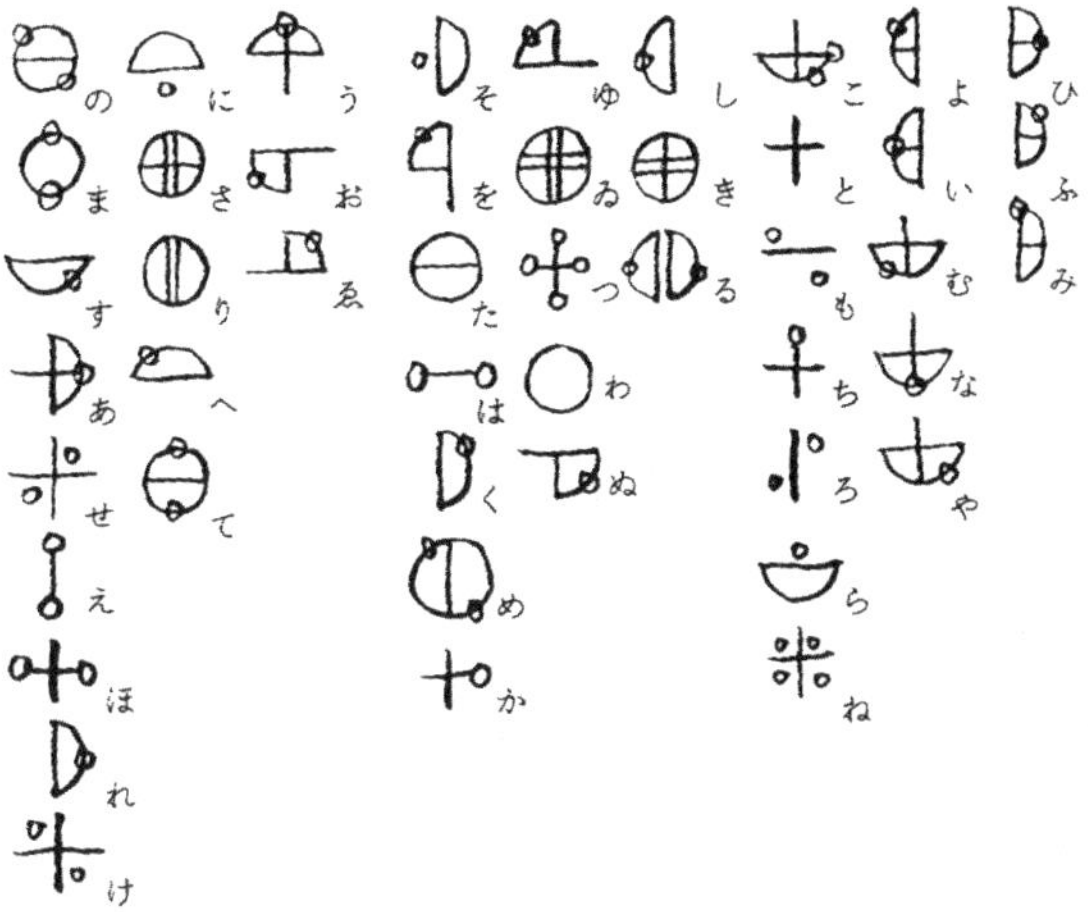

ヲシテ文字による「あわ歌」
冨山喜子編集 2017年度版

「ひふみ祝詞」のうち、数値として理解できるのは、よろずの「ろ」であり万である。古代人は万の単位（八百万）が最高値であり、後に続く「らねしきる……」は数値ではなく一種の世界観ないしは人生観ではないか。以下全文の現代語訳を試みることにしよう。ただし現代人は、とかく理屈なり解釈を好む傾向があるので、違反行為かもしれず、本来は口《くち》に出して読むだけで、体調が整うと伝えられているからである。

「我らは、お**日**さまや**火**の助けをうけ風の**吹**くままにまに食料も**増**え、**満**ちる海水より得た魚貝をいただき我が**身**をつくり、皆と**寄**り添い**命**をはぐくみ、やがては**村**を作り**菜**を採り**矢**で獲物をしとめることもできるようになった。このうつし世を支配している宇宙では、人は**螺**旋を描きながら伸びあがる**根**っこのごとし。人類はいたる所に橋《はし》をかけ**死**も恐れず仕事に精を出せば、体内にある**気**は満ち、芋《いも》の**蔓**はのび繁ることだろう。たとえ疲れることがあれば地中から沸く**湯**につかり、恵みの水を竹筒に汲み入れ海に出で**津**々浦々の港に持ち帰った獲物を**分**け与え共存すればよい。そうすれば多くの根から子《ね》も授かることにもなる。しかし、時には火山などの地殻変動に見舞われても、我らは出現した**沼**地や**空**から降ってきた火山**灰**の堆積を得て懸命に生きてきた。**暗**くなるまで働き、新しい**芽**が出るまで**輝**きを待ち、命**う**ごめきとその**重**さこそう**え**の世界に届くのである。お天道さまは海や山を越えてやがては**西**に沈み一日の**幸**を実感することになる。たとえ何らかの理由で天や地や人が引き裂かれ分**離**することがあっても、舟の**舳**先を沖に向け出帆すればよいのだ。だが夕闇のなかを**手**をつくし、ようやくたどり着いた小島のなかほどにある広**野**には**魔**界が隠されており、そこには頭蓋骨の**頭**が馬の**背**に乗せられ冷**え**冷えとしていた。しかもそれは**干**された大きな壺に入れられ、一人の**連**綿《れんめん》たる生涯の果ての**気**配で充満しているのである。夜空に光る髑髏《されこうべ》こそ生き抜いた証《あかし》である。だとしたら、宇宙（神々）や先人に感謝して互いにいたわりつつ、共に働きながら生き延びることを宣言すべきだろう。そうすれば、老・病・死からも解放される」

ちなみに霧島神宮（鹿児島県）は、奈良鎌倉の二度の噴火により大量の熔岩に見舞われた。しかし、決して噴火の中止は祈願せず、常に現状を受け入れ、元宮《もとみや》は山の高みに鎮座していたが崩れ落ち、古宮《ふるみや》も神体山の中腹で瓦礫《がれき》と化し現在の本殿は麓《ふもと》の大岩の上に鎮座する。二〇二一年には新燃岳《しんもえだけ》が噴き出した。御池《みいけ》は、置き土産である。氏子住民らは、その龍神《りゅうじん》さまの水の恵みを得て暮らしが豊かになったのである。祝詞は、天変地異にもおそれず、甘受し、病をも癒す手だてとしてきたわけである。他にも、富士山、浅間山、御嶽山、阿蘇山がある。崇拝の御山《みやま》と同時に活火山である。

六世紀、仏教伝来に反対し蘇我氏に破れた物部氏の子孫たちは、「石上《いそのかみ》神宮（奈良・天理）を氏神として祀った。凡そ紀元三百五十年ほどに鎮座したとされ、当初は磐座《いわくら》を拝する信仰であった。平安末期に拝殿が設営されたが、それよりずっと前から拝殿予定地の広庭で

「ひふみ祝詞」は唱えられていたと思われる。にしても、「大祓詞《おほはらへし》」（七世紀）が宿敵の中臣氏により発起・発案されたことは興味深いことである。

遺言すなわち中高生へのメッセージ、中高年とのノスタルジー、死者へのレクイエム、そして宇宙人へのラブコールである。

ウィーン少年合唱団は十歳から十四歳までの年齢で構成されている。我が国の元服は十五歳、ランボーの詩作は十五歳で芽ばえ、中也もしかり、ルイス・キャロルの「アリス」も十四歳の少女を書きとめた。尾崎豊はスクールから逃げだしたい「十五の夜」を唄った。宮城道雄も十四歳で第一作「水の変態」を作曲した。編者はその頃起床の直前にその日の出来事が夢の中に現れ、それを記述するようになってしまったのをよく覚えている。夢と現実がコラボする不思議な時間であり、一種の予知であった。

だが二十歳を過ぎる頃から悪夢もある。人に追われ、懸命に逃げようとしても走れない夢、舞台の幕があがるもセリフが一言も出ず立ちつくす夢、卒業間近なのに必要な単位が足りない夢、絶壁をのぼる夢、社殿が壊れる夢……。

日常に戻ると、実はこれらの負の夢は吉運の兆しだったとは、この世の不思議の一つであろう。

ひ

ひふみ祝詞の筆頭のコトダマであり、お**日**さま、**火**、**光**などであり、風姿と溶け込んだ神々しい風景が目に浮かぶ。地球から一億五千万キロかなたにある日輪《にちりん》は、十二年前の寅歳四月十三日地球の二十倍の直径のプロミネンス（紅炎）を発した。

火と水が人類にとり最も大切な要素であり、太陽と月と地球の間に存在する水の働きを見逃すわけにはいかない。すなわち「日《ひ》と津《つ》」である。始まりである。「火継ぎ」行為から「日嗣《ひつぎ》」という天皇の即位へ変化し、霊止《ひと》は神霊が人にとどまり永遠の命を維持する。

ひさかたの**昼**、あかねさす昼などの枕詞《まくらことば》をはじめ地方や辺境を表す夷《ひな》や鄙《ひな》と雛《ひな》があり、紐解《ひもと》くとは花の蕾《つぼみ》がひらくこと。神籬《ひもろぎ》とは神の降昇の折に神座にしつらえる御幣《ごへい》を結んだ榊のことである。

他に**姫**と**彦**、**聖**《ひじり》、**東**、**日**和とは晴天のこと。また、上代日影《ひかげ》は日の光、陽光のことであった。ちなみに日光が当たらない所は日陰《ひかげ》と表現していた。さらに棺《ひつぎ》は、その人の再生を祈りつつ納める檜《ひのき》の箱である。

ふ

「ふ」はひふみ祝詞で第二番目の祝詞であり、それだけに重要であり見逃せない。その核心は「みたまのふゆ」であろう。恩頼《おんらい》と書き、籠もることで仮死の状態でもあり、変容《ぬち》と称した。威力ある霊魂がいくら分割されても、その神霊の呪力は不変である。まさしく神観念の働きの真骨頂であり、春を迎えるための物忌みをし、お籠もりをしている間に魂はふゆ（増ゆ、分割）されるわけである。だからこの時期が冬と名付けられた。ふたつとは「二つあい」であり相隣りしていることである。天地、神人、冬春、男女などである。

この言霊の世界は自然現象の一つであり、天より降ってきたり地底より自然と湧き上がってくるエネルギーの一種である。ふたつとは、日と月のことである。

どこからか全くわからない不思議な風が吹くことがある。編者は一九六七年、奈良の新薬師寺の門前にて突然の風に見舞われ体中が震えたことをよく覚えている。その後、その風は神迎えと神送りにも同様の身震いをする風を何百も感じたのである。最初の奉職先が奈良県となったのも、生家が朝鮮からの渡来人であることと大きな関わりがあると思われる。奈良は帰化人のメッカである。

大地の底より火が**噴**き出した**富**士山、やはり地力により**膨**れ出た**藤**の花、その地を**鎮**《ふ》ることで地霊の魂を**振**り動かす神事。大海を流れ来て網に入る**フ**グを待つ冬の漁師たちの心願。いずれも命の復活を待ち望みながらの心境を以って、**耽**《ふけ》る、**更**ける、**蒸**かす、**奮**う、**踏**む、**伏**し拝むのである。さらに**塞**ぐことでたとえ古びても醸造される食品。水ごりで日常の**ふ**け（髪垢、弘、濺）を流す禊斎がある。**篩**《ふる》えば砂金も見つかり、老けることもそれまでの種々の経験が命の**袋**に収められた結実である。また、ふてぶてしいとは何も恐れず平然として不遜な態度であり、多くの場合遺伝子が原因と思われる。

柴《ふし》とは卯木《うつぎ》の束を菰《こも》で編んだむしろに包み、水中に沈めればその**房**の中空に霊力が宿るという信仰に使用された。**筆**も藤や卯木の先を細くして、その年の災厄を祓うために「十二月」と書く呪法であり、後に一般に文字を識すことになったことは周知の通りである。

また男性に宿る**フ**グリ（陰嚢）という霊力がむやみに動かぬように腰に巻き保護した**ふ**もだし（褌《ふんどし》）があり、物忌みに締めたことに始まり近世以降多くの庶民に流行し「六尺」の長さであった。それだけに、**風**呂に入る時は面倒だが丹田《たんでん》も心も締まる。

屋根を**葺**《ふ》くことは、その家に神の降臨を願うために千木や枕木などを付け茅《かや》という魔除けの草を使い新しく再生させる作業である。他にも、滝の下や滝田川の**淵**に見える**伏**流水。鍛冶屋の**鞴**《ふいご》。**麓**《ふもと》に広がる樹海。古墳に敷きつめる**葺**石もある。

秋田や佐渡の**蕗**は、太く長くその季節の祭りには祝膳の煮しめの一つとして必ず出される。蕗の繁殖はすこぶる激しくまたたく間に地下茎は、その場を埋め尽くす。要するに**殖**える、**太**るなどは「ふ」の基であり〝広がり〟である。芝**生**、**麩**、**節**などがあり、**衾**《ふすま》とは大きな寝具のことである。**ふ**くろうの眼は大きく、北海道では神である。

悪しき風吹けば、風邪も広がり**フ**ァミリー全員に及ぶことにもなり、**フ**ェイクなニュースが飛び交うなかそれが**フ**ェーン現象ともなれば、**フ**ォローの手段はなくなり**フ**ェロモンはブーメランのごとく再び戻ってくるのか。あるいはどこか遠くへと**フ**ーガに乗って消え去るのか。**フ**ェイス（恐れ）は、いつまで続くのか。

さて、二月の初め零下二十一度の屈斜路湖では**フ**ロスト・**フ**ラワー（霜の花）といわれる御神渡りが現れる。一平方メートルの広さに五百トンの力がかかり高さも七十センチになる「仁伏《にぶき》」のそれは諏訪湖の比ではない。

み

あの頃の「**深**雪《みゆき》」は、いつも通り気高くもどこか憂いが漂い始めていたような気がする。花のいのちと人の命をつなぐ**み**つばちのような存在だったから。決して**味**噌汁などの臭いなどはしないし、とうとう**身**籠ることもなかったのである。

常に運命とこの世に対し斜に構えながらも言魂に導かれそれなりに満たされていたし、心乱れる恋さえも弄《もてあそ》んでいたに違いない。皮と骨だけになった人魚、老婆とも赤子ともあるいは修道女の幽霊か。

人を愛することも愛されることも拒む薄いくちびる。白い闇と黒い光のなかを舞う卑弥呼か斎王か。雪、なぜこんな夜に降るのだろう。あの夜彼女は自分をどれだけミステリアスに感じたことか。好きな人との道行きの跡は残さず、澪《みお》も引かずに鳥葬あるのみ。人は昔鳥だったのかもしれないとは、ある考古学者の説であるけれど。

今、耳元にかすかに響いてくるのは、昔ふるさとで聞いた翠《みどり》色した草が浮かぶ音なき水の流れである。ここまで来れば残されたたった一つの願いは、巫女たちにより運ばれる神輿に乗ることだ。都の北に位置するそのお宮に還御《かんぎょ》したのち、簾《みす》の奥から見えるのは磨かれ尽くされたみごとな三日月に抱かれた大夜である。いずれ身罷《みまか》りてミイラとなり鎮座するのだ。「み」は霊的なモノに関して用いる接頭語である。都、雅、そして宮とは神の住む神殿である。他に神酒《みき》、幣（みてぐら―神前への供物のこと―）がある。

命《みこと》は、まばゆい地上の星を人類に贈ってくれた。だが弥勒菩薩の来迎（釈尊の死後五十六億七千万年後）まで待てない。生きることも死ぬこともない寂しさを抱く夢違《ゆめたがい》観音。

だが落ちた樅《もみ》の木の実でさえいつか見上げるほどの樹になる。だから別れとはふたたび若がえることだとわかり、湧水のごとく湧きおこる和歌を献首しよう。病葉《わくらば》をなぐさめながら、綿雪や**霙**《みぞれ》になる前に詠めり。

細雪　差しのべる手に　消えてゆく

　美雪の肩に　風花の舞う（H・K）

「み」の世界は、神々しくもあり恍惚《こうこつ》にして、かつ**ミ**ラクルと言ってよい。**霊**《みたま》の力により醗酵《はっこう》されるのである。ミューズ（女神）。

　時が**満ち**て、それぞれの身に充満することであり、**見**るということは世界の姿をその眼に焼きつけることである。花見、家見、刀見、国見、死見などがある。見生《あ》れとは、祈《いの》ることであり、生産活動である。とりわけ、刀見《かたなみ》は和平を祈ること。神の降臨。

　また、南方に向かい**右**とは、太陽の沈む西、左は日が昇る東で陽出光《ひだり》である。左右の関係より「御《み》」という尊敬を表す接頭語に採用されたと考えられる。お**み**おつけとは、みそ汁のこと。そして**蓑**《みの》。ちなみに**道**とは落とされた首を台車に乗せて通る**路**であり、勝者が敗者のしかばねの上を通る所だと（辶）（白川静）。その傍らに咲くのは**三**椏《みつまた》の黄金色の花か。

　画家・弥生にとり**水**玉は、生命の輝きである。本人の細胞であり、毎夜現れる夢枕の風景なのだろう。バクテリアと血管を以って宇宙の根源を再現した。

　いつになく　浅瀬の海にみゆるのは

　あやしの**海**松《みる》や　忘れぬ姿（H・K）

よ

秋蚕しもうて麦蒔き了えて　あとは**夜**祭まつばかり

組み立ての大工衆と運行の鳶職が連携し、絢爛にして豪壮な山車が巡行するこの祭りは真冬の神事である。暮れの初めに行われるこの祭りは、近在より多くの見物人を呼び込み、やがて来る年末年始の準備のためあまたの露天商で賑わう。

秩父夜祭

　昼間は屋台で演じられる歌舞伎もあり、造り酒屋や温泉もある。**澱**《よど》みなき荒川の落鮎を肴に地酒を楽しむ。隣家とを結ぶ「さと道」という、この地に特有な細道があり、寒村を生きる人々の近隣同士が互いに**寄**り添う相互扶助の智恵であった。だからこそ、この地方の習慣と文化は豪快にして優美な祭典を維持することが出来たのである。質実・剛健な土地柄ゆえに、かつてはコミューンも結成された歴史を持つほどの反骨精神をも育んだ。

そもそも、山車とは動く神体山であり、各町より曳き出された山車や笠鉾などがおよそ二十五度の勾配の坂を登る時の囃子方の太鼓は、とりわけ勇壮に打ち鳴らされる。旅所に着御すれば**世**にもめずらしい冬の花火があげられ、神事の後夜**四**ツ刻（午後十時）には各々の山車などは還御となる。

さて昭和五十年頃の宮出しは、現行のように国道を通らず露店の軒先をたたみぎりぎりの幅の参道を進行した。さらに渡御を遮る鉄道の電線も外して斎行されるのである。白木造りの唯一の笠鉾を運行する地区は六町より構成され、地元に帰還しても、今のようにそのまま納める倉がなかったため、その夜のうちに解体しなければならなかった。極寒の奉仕であった。編者が蔦「**よ**組」で奉与していた時代のことである。

「ひふみ祝詞」では「よ」は第四番目の言魂である。年寄りというコトバがあるが、年を重ねてこの世とは一線を画すあの世（夜見国・黄泉国）に**縁**《よ》るという人の運命を語る妙《たえ》なる言葉である。かつてはこの地についできた**嫁**たちも**撚**《よ》りあげた銘仙の産地でもあり、近在には**横**瀬とか**寄**居という地名が残っている。

山車などの建造技術は、京都から飛騨高山と古川を経て当地にたどり着き笠間や川越そして東京八王子に至る見事な伝統の継承である。とりわけ左甚五郎作の彫り物で飾られた社殿の風格は、三峰の社と同じく傑作である。

夜は万物を育み、神の音響《おとない》を聞く時間である。御旅所で待つ「亀」との年に一度の逢瀬でご祭神に満足いただくこの祭りは妙見信仰の代表と言える。妙見とは冬の星座北斗七星への祈りである。坂に向かう直前、囃子方も小太鼓と笛のみとなり曳き手たちも休むしじまの中、先導の木遣り、手古奈《てこな》は今はもう聞くことはない。

さて、人の名を**読**みあげることは、夜見の国に逝きし魂を決して忘れないように呼び寄せ、記憶に残し慰霊するためである。ある東北の町の住僧は、東日本大震災の物故者の名前と年齢と町名を畳ほどの大きな和紙に墨書し供養した。

また、ある神職はその年の三月二十日より二年間犠牲者らのやはり名と年と出身地を午前三時より読み上げ、鎮魂の日々を送ったと。

さらに太平洋戦争末期の沖縄戦より七十七年目の二〇二二年夏、オンラインにて十二日間、千五百人の声を集め二十四万柱の御霊の名前を読み上げたのである。

い

飛騨山奥の春は遅く、まだ風花が舞う時期の裸祭りである。四月二十日午前零時、円光寺の鐘を合図に一番撥《ばち》が打たれる。この太鼓は丸太と角材を組み合わせて櫓《やぐら》を組むのである。この地に伝わる**祝**歌を聞きながら、その上に直径三尺の大太鼓を据え、二人の男が背中合わせに晒で巻き固定させ太鼓にまたがり、三尺の長さの桴《ばち》は上から垂直に振りおろす。材質は柳で反桴《そりばち》になっている。この櫓太鼓に附太鼓《つけだいこ》（小太鼓一尺を中央に取り付けた三メートルの天棒）を最も近くに運んだ町内が翌日の**粋**で豪奢な山車の巡行の先頭に立つことが出来るのである。

それだけに町内の名誉のためにも命がけである。天棒がそのまま後方より飛んでくることもあり、行列の後には救急車も列に加わるほど怪我人が続いた。それだけに**意**気込みはすさまじく、思わず締め込みをしめ直す時でもあった。

編者は「殿町」に属し昭和四十年代の当時は国鉄のストライキの最中であり、すぐには帰れず二、三日は温泉で仲間と傷を**癒**すことが多かった。この町は、瀬戸川に**色**あざやかな鯉が泳ぎ、和ろうそくの産地でもある。休日の早朝には**市**が開かれ土地の名産赤かぶなどが並び、多くの店が並ぶ。この地に**息**づく町民、氏子らの心根は忘れ難く再会を果たしたくも、あと二年は待つことになるだろう。

脇を流れる天竜川の**石**と水は気高く豊かにして清く太く、まるで生き物のようである。石には、多くの庭師をはじめ、山水の趣味から見ても特別な感慨を持つようである。石には表と裏がありその石の得体の知れぬ遍歴を考えると、なぜか畏敬や不可思議や美意識から蘊蓄《うんちく》を語る対象になっているようである。盆石と水石の加茂七石。

起こし太鼓

君が代の〝さざれ石〟のように心とか魂とか霊が宿っているという思い入れなのだろう。だから収集はしない方がよく、庭に置く石は一般の家では清め祓わなければタブーである。おそらく人間にはわからない摩訶不思議なモノが内在しているに違いない。

川**磯**で遊ぶ少年らと小さな**泉**を探しあて花を投げ入れる

乙女たちの姿はげにまぶしく映る。また、蝗《いなご》は稲子《いなご》であり、最近はあまり見かけないのはなぜか。

さて、「い」の発音は口を横に広げ、とりわけ咀嚼《そしゃく》時のように形は口角を広げることになり、食物を入れやすい口の形態である。モノを戴く時の「いただきます！」とは大地、刈り人、運ぶ人、調理人の四人に対する礼言である。

逆にそれだけに**怒**りとは命を刈ることで枯れてしまった結果の心境の発露である。さらに**苛**《いじ》めとは、命を締めころすこと。逆に**癒**し、**慈**《いつくし》みは命の回復を目指している。**飯**《いい》を**戴**き**命**を延ばす行為である。命とは、息づく霊《ち》であり、霧にも風にもなる。

「ひふみ祝詞」では、第五番目の位置にある。**稲**は「命の根」を確保する大切な食糧、雷《いかずち》とは田畑をうるおすカミナリという水の恵みをもたらす雷神である。**祈**ることは、生きることを宣《の》ることであり、特定の目的のために思いを込めるということは、すなわち力強く生き延びることを宣言することである。

例えば厄年にしても「新しい役割」を担う年のことである。何が何でも厄難に襲われることではなく、息も荒くしながらその年の自己の試練とミッションを見つけ出すことであり、アクティブに行動する年である。男女共通で三の倍数の満年齢である。自室に籠もることなく、敢えてアグレッシブに行動を起こす年まわりである。ただし、準備がおろそかであればそれなりの災厄や傷を受けることになる。その歳は、金銭の散財が予想される。

この国では往古より「**磐**座《いわくら》」とか「磐境《いわさか》」という神を祀る神聖な場所があり、他に「**忌**《いみ》火《び》」もある。「**斎**《いわ》う」も神を祭ることの古語である。

それにしても「伊勢」「出雲」「石上《いそのかみ》」「石清水《いわしみず》」「今宮戎《いまみやえびす》」「厳島」「生島」「生田」「伊豆山」など神社名に「い」はまさしく各地に網羅され、頻繁に採用されているのは興味深いことである。命と神社との深い関係を物語っている。

今、**い**ざ鎌倉へと**誘**われる諸人らは、その**入**海《いりうみ》にて**生**け捕りになる恐れを**い**だきつつも、**潔**よく攻め入って山の**い**ただきに到達した。

だがその時**一**匹の**犬**が武将たちを**庵**《いおり》近くで**い**ぶかりながらも**労**《いたわ》るような目をしていた。八幡宮の**甍**《いらか》の波は、今も尊大にして至貴である。階段下のイチョウの木も復活し、**い**とうれしかな。**糸**は**い**よいよ**祝**いの膳にて二人を結ぶのである。「政子」。その膳には干した**烏**《い》賊《か》も添えられたのである。

む

いくたの**難**しい問題と課題を乗り越えて、人類は様々な分野で発展を遂げてきた。しかしそれらの文明という環境が整うまでは、神霊すなわち神意と交渉するしかなく、神事は特別なことではなく、ごく日常的な行ないであった。日月の**共**《むた》とは、太陽と月とともに暮らすことであり、自然と共生する智恵を持っていたのである。

古代においては、**産**霊《むすび》の力を借りて宇宙と結ぶ手立てを知っていた。**昔**々、人々は**群**れをつくり、時に**狢**《むじな》と格闘したり時に祀ったりしながら、**棟**を上げ**室**を造り誰とも親《むつ》まじく暮らし**村**も出来た。ただし信頼出来る集団を機能させるには、せいぜい百五十人単位が限界であったと考えられている。その時、**ム**ササビはどこに居たのか。

草地には**葎**《むぐら》も生え、**虫**たちも鳴き競い、**麦**（古事記初出）も蒔き、**聟**《むこ》はと言えば新しい家族にややむずがゆい思いもあったが、お**む**すびをたくさん食べてよく働くではないか。もうすでにこの家のりっぱな**息**子である。

年の始めの**睦**月《むつき》だけは休み温泉に入り体の**む**くみをとり、春になれば**筵**《むしろ》を編み、秋には**む**かごを摘み**槿**《むくげ》を髪にさしていた若い娘たちも、やがていつかは嫗《おうな》となりて、そして祖霊のお迎えが来るのである。ついには**骸**《むくろ》と変わり果て、**無**（宇宙）の世界へと旅立つのである。時の河を渡る舟にオールはないのだ。

「ひふみ祝詞」で第六番目の位置であり、「む」の世界とは結合である。それぞれの霊魂を**結**びつけ、ついには生成に至る現象である。生前の命が**向**こうの岸に渡れば**産**巣日《むすひ》との縁は切れて骸骨になることで人生は完結する。

だが未開の地では今でも動物などの頭蓋骨を家屋の柱などに掛けて暮らす。信仰の対象であり、守り神なのである。再生の契機にするべく古くからの慣習であると言う。死者との共存である。

そこでは**空**しさを超えて死から生への帰還のために**蒸**《む》れ上がった霊の放出が再び始まるのである。「空《くう》」は実は全てがその「虚《きょ》」に詰まっているのである。

さて、仏教の坐法の一つに「結跏趺坐《けっかふざ》」があり、足の甲で左右それぞれに反対側をおさえる形の座り方である。

唐招提寺を建立した鑑真和上坐像の印《いん》をむすぶ姿には冥想の深さと戒律のきびしさが刻み込まれている。五回の渡航の失敗による投獄と漂流と難破の末の失明の運命を支えたのは人類救済の強い意志であり、我が国と唐との結《ゆい》の心ざしであった。合掌。

な

この音は、ひふみ祝詞の第七番目の言霊である。この**七**《ななつ》という数字は七《しち》と区別する必要があるのか**何**かわからず、**謎**である。おのずから**成**るという使命を持つ宇宙の生成に深く関わる語である。

例えば地震のことを上代「**ナ**イ」と発語されていた。**鯰**《なまず》は地震の前ぶれなのか。大地の底というか地中のマントルの噴火により隆起したり、ずれ込むことで地上に大きな連動と被害を生じさせるわけである。大**波**が**渚**まで届く前に高台に避難しなくてはならない。**雪**崩も同様である。身近な現象でも、**泣**けば自ずから**涙**が出るのは、その人の意志に関係なく浮かび出る心情である。心なしか気持ちが**萎**《な》いで**悩**むこともある。

　海を含む大地より授かり伸び出ずる**魚**と**菜**を**縄**で**綯**《な》いで家に持ち帰る幸せ。植えた**苗**もすくすくと育ち、**凪**《なぎ》ともなれば大漁旗を**靡**《なび》かせ、ドラも**鳴**らして海に出る。

　季節のなかでも太陽の恵みを戴《いただ》き万物が育ちゆく**夏**は作物がたわわになる時である。それらを神前に供え**直**会《なおらい》に用い、人々もそれらのお下《さが》りを**嘗**《なめ》ることが出来る。とりわけ正月には**鱠**《なます》も膳を飾る。**な**まずが田んぼに入るのは子孫《しそん》を残すため。

では**茄**子《なすび》はなぜ、富士と鷹の後に位置するのか。盆の行事で牛の役割を担う精霊であり、その神秘力は三番目にしても特質な存在だったに違いない。他の野菜では通用しないのである。

　ちなみに**奈**良とは朝鮮語で「首都」であり、多くの人材が押し寄せ出来た大和の中心となったわけである。この地の人名に残る証しは、自然環境の山、川、森、林、木など、方位は東西と南北、縁起の松竹梅、そして高、正、赤、黒、星、光である。

　人も物も段々と**な**じんでくれば関係はちぢまり、使いやすくなり、**仲**間も増える。荒川の**流**れを**眺**めながら**長**月の落鮎に投網を**投**げる。その**眺**めは友の**亡**骸《なきがら》を**生**々しく想い出すこととなった。いくら**慰**められても**嘆**きは**な**くならない。

為すべきの**全**てを了えて還り**な**む**直**日の神よ　**南**無阿弥陀仏（H・K）

もう**詰**《なじ》る必要はない。**情**《なさ》けこそが、人間世界で最も大切な心情であろう。

骸骨を**撫**でる幼子の手は、**な**おさらに暖かくおのれが生まれる源となった人類の祖を確かめるように、その小さき両の手は光さえ放っていた。ミイラの**名**残はもうすでになく、**永**らえた人の世の真実の結晶を確かめるように。

や

「や」は当然ひふみ祝詞で第八番目のコトダマである。「**八**ツ橋」は古い京都の和菓子の一つであり、「祝福」の数字である。**弥**彦神社は標高六百三十四メートルの弥彦山の頂上に鎮座する、新潟の古社（七一一年）である。また、京都の**八**坂神社は八柱御子らを祀り、八坂塔、八坂造などや夏の祇園祭は有名である。とりわけ「**山**」と呼ばれる山車《だし》と、神の降り立つ神籬《ひもろぎ》をしつらえ町中を曳き廻して幸を運ぶ山鉾があり、町内の安全（疫病退散）を祈った。

山、**社**、**屋**敷、**宿**、**館**、**矢**、**八**洲《やしま》、**倭**《やまと》、**大**和《やまと》、**柳**、**簗**《やな》、**薬**師、そして**闇**があり、宇宙で

輝く光は爆発を経て全てを生み育てた場所である。**ヤ**モリの復元力、**族**《やから》の結束力、**野**望の力強さ、**野**戦の底力、**夜**行列車の夢路、**薬**缶《やかん》の集積力……。「や」は元来、岩《いわ》が「や」と発語され「石」のことである。弥彦も本来はイヤヒコと発語される。信州、諏訪湖の漁で「**ヤ**ッカ」とは水中に魚寄せのために積んだ石のこと。また、「**や**つ」とか「**や**と」とは谷のこと、「**や**ち」とはアイヌ語で湿潤《しつじゅん》の土地をいい、両側には山がせまり谷の部分であり、穀物《たなつもの》が育つ所であったはずである。山背とは山の向こうからの風、山彦とは木霊《こだま》、山伏とは神に仕える鬼を接待した人々である。

なお、文法上の「や」は、通常は感動や詠嘆を意味するが、資料によれば格助詞的な切れ字であると。そうすると芭蕉の名句は「古池という棲家に蛙が飛び込んできたので、住人の私は水の音を敢えて出し返答したのだよ」。詠む人だけが聞いたのではなく、あくまでも聞いたのは池そのものである。さらに「わ」と「は」が「や」に変形した経緯もある。

厄《やく》とは霊魂が肉体から遊離することであり、その年まわりが終了すれば祝膳が待っている。「**や**くざ」とは現代ではならず者と考えるが、元は賭博の世界で「八・九・三」という三つの数の合計が二十という最悪の手の由来であり、八ツ手という植物は鳥が運び繁殖が強く、どこにでも白い花を咲かすことが出来る。**焼**き畑で土地の再生を計り、木**遣**りはなべて祝歌である。たとえ病気になろうとも悪い風も**止**み、それをきっかけに以前よりも健やかになる。**矢**は元々神の憑依《よりしろ》であり、矢代、**屋**代、**社**と変化した神が宿る小屋であり、山の神に仕える者は「外道を射て払う」と唱えながら弓を引いた。

ところで人々への善意や好意は、**や**やもすれば**や**やこしくなるので普通でよい。むしろ我が身を振り返り、**野**次馬に仕立てないことだ。人生は**や**じろべえであるから、そう**安**々とはいかない。でも**痩**せても枯れても安売りはしたくない。**や**けくそになってもいけない。そのためにもモノを観る力を**養**うことだろう。納得のいく心の**櫓**を立てなくてはならず、**休**むことなく常に走り続けることになる。

能「山姥《やまんば》」とは、山の精霊のことで、宇宙人に近い妖精であると名人（能楽師）は言う。山見《やまみ》とは魚群を見張ることで、それを見極める見張り人を山姥という。山めぐりを舞うことは六道に輪廻《りんね》する一切有情の宿命の表現である。「ヤマジナ」とは、蕗の下に住むアイヌの精霊。

それにしても、山に登るとは山に帰ることであり「姥捨山《おばすてやま》」か。実際、様々な苦を背負った老人は山の頂で息絶えた。日常の「無常」が人生を埋めつくしていたのだろう。この世の終わりに高みから地上をながめたかったのだろう。残された人のことを考えろ！

こ

「こ」（**此**）の音で、いくつかの**コ**トダマを挙げてみよう。発音は少し口をつぼめ小さな丸形を作る。その時、口から魂が出るのか吸い込むのか、おそらく相互同時であろう。

まず、**米**とはおのことおとめの語尾を合体したという説があり、何ともファンタジックな発想である。次に**暦**《こよみ》とは節気、土用、月の満ち欠けなどを記録した一年の予定表。そして**心**とは、感動をはじめ敬愛、畏怖、憎悪などが渦巻く処であり、だからそのありかは五体すべてに宿る。**心**待ち、**心**尽くし、**心**遣い、**心**残り、**心**根……と心に掛ける思いは多岐にわたる。九（**こ**このつ）から、体内に満ちたモノが**声**として発せられるのである。「九」は最大値であり、満杯の状態。

また**恋**とは、抑え切れないが破局を恐れるあまり、不安と焦燥で満ちる心境である。遠くに架ける橋と思えばあきらめも早いと考えられるが、そうはいかないのである。心の闇をのぞく心苦しい日々が続き心細く固まるのである。まさしく**拗**《こじ》れた恋路。

一種の固体であることから考えれば、**瘤**《こぶ》、**腰**、**輿**、**苔**などもあり、**壊**す、**怖**い、**殺**すなどはそれこそ心が固まった結果か。心が**虚**になり木枯らしが吹き始まるのである。

さらに「**事**」と「**言**」は、かつては区分されることなく使われていた。文字は命《みこと》が神と交信するために生まれたとすれば言は神であり、人は神と共在していたと考えられる。しかし時代の変遷により言と事は区別され、少しずつ〝ずれ〟を生じるようになり、コトバでは表現しきれない「事」に気づくようになった。

コトノハの不足と無力を甘受せねばならなくなった。ここに実はえも言われぬこの宇宙で生かされている我々の根源的な混沌に気づくのである。物や事はコトバよりも固く重いという誤差を生じたのである。「古事記」の時代は神慮による至福の時代であった。

さて「**虚**耳《コミ》」とは何モノかを**籠**《こ》めることであり、能楽で唄や楽器の音の間でほんの少しの間《ま》をあけ待つことで、「無幻能」にいどむ秘技の一つである。しかし決して単なる時間のことではなく、**小**刻みに醸造されるがごとくに気（き・け）が**込**められているのである。ことによれば神すなわち芸能を司る霊を待つ**こ**こちか。そこに「もののあはれ」を感じ、この世とあの世の区別のない摩訶不思議の世界が繰り広げられる。

さて、仏語由来のコロッケは、どのような**衣**を付けたらよいのだろう。**紙**縒《こより》は果たして立つほどに堅く作れるのか。**こ**ろころした**コ**アラは尾はなく丸く固まり腹に袋を持っている。山の神の声である**木**霊《こだま》は山の精霊である。こんもりとした杜に棲む**コ**ウモリは、鳥でもなくけだものでもないが恐ろしい。

また、鱗は通常うろこと読むが〝**こ**け〟とも読み、きのこのことで樹木のうろこなのだろう。こごみという山菜は、その若芽の頭部が渦を巻きまるまっていて屈《こご》んでいるように見えることから名づけられた。乞食《こつじき》とは、人生の常態（労働・家庭）を断念して捨てるモノはないと悟った人のことで、不幸を味わい尽くした人である。

それにしても「コミュさん」はなぜだまりこくり困った顔をするのだろう。でもいつかは孤ではなくなるだろう。多数に手をこまねくことなく、人の群れから零《こぼ》れることを恐れてもいけない、エライぞ!!

人生のひと齣《こま》なれど　独楽《こま》のごと

ころりと止まり　梢眺める（H・K）

独楽は加工に都合のよい花水木《はなみずき》などで造る。円い渦が巻く表面に絵付けをすれば美しい。だがその独楽が止まる瞬間はいかにもさみしい。ただ、それがこの世のことわり（道理）ということかもしれない。コロナの実態をよく見きわめ、これまでの大宇宙創世の成り立ちの姿を視野に入れ、一時的な「滅亡」の運命を考える好機としたい。だが併せて永遠の「存続」の希望を捨てるわけにはいかない。まだcoffin（棺）に納まるわけにはいかないのである。

と

「まつりしまいはおんまつり」といわれる「若宮おん祭」は、大和の国のその年の最終を飾る祭礼である。起源は平安末期の一一三六年、藤原忠通が疫病流行を鎮めるために始められたと伝わる。

師走十六日夜の**帳**りが降り深更になると社殿を出御、絹垣に護られご神体は旅所へ向かう。赤松の柱や杉、梛《なぎ》などで造られた仮殿前夜のお旅所では舞楽、細男《せいのお》、田楽、能楽、社伝神楽、倭舞、東遊などが舎人、南都楽所などの楽人、各流派の奉仕人らにより、芝舞台で奉納される。

楽所のK氏より「蘭陵王《らんりょうおう》」という雅楽を舞う時は「大祓詞」を唱えながら舞っていると聞いたことがある。各楽人らはそれぞれの位置に陣どり**帷**で仕切られている。お旅所での各神事をはじめ演目や饗宴が畢《おわ》ると、十七日のうちに還御となる。また、十八日には、後宴の能が行なわれる。

一九七九年になると、鎌倉時代源頼朝が寄進した太鼓に替わり新しい太鼓が奉納された。往古、太鼓の皮は中国長江の鰐《わに》皮を張って造られたので「鼉太鼓《だだいこ》」の名称を持つ。右方の

奈良、春日大社「若宮おん祭」

三巴、左方の二巴二基の太鼓は華麗にして優雅で京都「W太鼓師」の傑作である。

この頃の編者は、祭事一般の設営全般を担当する「O」組の臨時の手伝いで、渡御先導の松明の助勤や楽人への炭配りなど雑用を行なっていた。従って泊まりの宿は食堂入口左の隅にある三畳ほどの納戸であり、朝方三時間ほどの仮眠であった。

祭の直会《なおらい》——神事のお供えなどで用意される食事——は、白飯とほうれんそうのおひたしとたくわんと汁のワンプレートである。暮れの祭礼だけに食糧難の時代にはとりわけ多くの人が集いて一汁一菜にあずかったと。

また、この組は東大寺二月堂の「お水取り」の設営も担い、若狭の地下より流れ来る水を坂下の井戸で一桶のお水を汲み、み仏に供えるわけである。今年で千二百七十三回目を迎えた。

ところで、編者が同県のある社で奉職していた折、山形・出羽三山のうち、月山の麓、手向《とうげ》出身の神職と出会った。一九八五年、その月山に八月十五日頂上にたどり着くと、鎮座する社の屋根の上に赤とんぼが何百も舞い飛び来て、三回旋回した。その赤く染まりし空を観て、二日前の飛行機事故にみまわれた犠牲者らの御霊ではないかと直感したのである。三十七年を経た今年、奇しくも酸素マスクが発見された。犠牲者は五百二十名であった。また、昨年事故より五年前に植えられた柿の木に実がなった、「パパの柿の実」というミュージカルになった。

その時から前後の時間が止まったかのように錯覚した。行き着く所にたどりついた思いであった。弔《とむら》うことは生者らがこの世とあの世の境まで、すなわち死者のいる彼岸に着くこと。訪《とむら》うことである。

ある遺族の述懐があり、この世の限りの野辺の送り以来、十《と》度現地で弔うもその後も一日たりとも忘れたことはないと。だから今年は久方ぶりに虎の尾を踏む思いで山に来たが、かがやく万緑の山々の虜になって慰霊の旅が続いたのだと。

忘れがたみの子は、その頃何も知らずニワトリや鳩《はと》を見ると必ず「トト」と呼びかけては遊んでいたが、なぜそれらをトトと呼んだか未だにわからないでいる。それとなく不在を感じていた亡き父親を思い出していたのだろうか。魚を見ても「トト」と言っていたのをよく覚えていると。**鳥**は「コトバ」を持ち文法さえ使いこなしているというから（四十雀）、ちょうどよい隣にいる友だちだったかもしれない。常にも天国に**届**くように手を合わせ年ごとに白髪の増す**刀**自《とじ》の親にも尽くしてくれる。

「苦しみの果てに**扉**が開いた」のだろう。初孫にでんでん太鼓を買い与え「トントン」と言い合って遊んでいる。孫の手で受ける肩たたきのとんとんのやさしい声で思わず涙が出てしまうのだと。命を**賭**してこの三十六年祈ってきたことは無駄ではなかったと。

さて、音の原質を考える時に「オノマトペ」がある。世界を直感的な音に感じて発音されたわけである。「ほろほろ」「とろとろ」「よろよろ」「すかすか」など多数あり、小児なども割と早くから覚える音である。

「と」は、区切り、境、着いた所、壁であり、目途《めど》がつくの意である。

古来響《ひび》くは「**と**よ」と発音した。だから「と」は的《まと》にたどり着いたその音が響いたことなのである。トンボは童の人差指に止まり、子供らの夏の**友**だちであった。祝詞《のりと》とは、神人の間に横たわり漂う言の葉を招き神境まで届くように、そしてついには神の名代として言魂を宣《の》ることを言う。神職にとり、だからこのコトダマこそが命であり人間の幸と無事と成長と安心をもたらす仕事の核心なのである。

「掛けまくも」とは、言うことが恐れ多くはばかられるけれど敢えて言葉を発することの畏怖、畏敬のことである。それらを心掛けて申し上げるのである。

も

亜熱帯の地である我が国特有の「むし暑い」気候の**元**は「**も**し暑い」である。湿気と熱が結びついて発音された。

動詞から見れば、**萌**え、**燃**える、**揉**む、**盛**るなどがあり、名詞では**杜**と**森**、**桃**、**籾**、**藻**塩、**紅**葉、**餅**、**最**中、**百**、**望**月などである。他に**も**ぐらが地の中に**潜**るとか、ちなみにもぐらをつかまえに行くとは、あの世に出掛けたことである。もぐらはみみずを探して土**盛**りが出来る。**殯**《もがり》がある。もがりとは、かつて貴人の死体を葬る前に納めた棺の前で**黙**し、その**喪**屋にとどまることである。

「まだ残る**靄**《もや》のただなか**黙**しけり。川鵜は今ぞ鮎を**捥**ぐなり」。鵜匠の**股**は鍛えられている。苔《こけ》**茂**は源泉を意味し、だからその後の発生と繁茂・燃焼と凝縮を表現することになる。**基**もすと茂の世界である。また、「も」音は英米語などと音に類似があり、モービル、モール、モルタル、モーター、モザイク、モバイル、モデム、モノローグなどの語感と画像が参考になるだろう。

雲とは訪れてくる茂（湿気）のことで沸きあがるのである。**も**ろみとは、まだこなされていない粒が交じった酒や醤油のことである。上賀**茂**神社（京都）には酒をかもす蔵がある。

オノマトペでも、**も**くもく、**も**さもさ、**も**じもじ、**も**ふもふなどがあり、ある種のほのぼのとした感覚ユーモアを感じる言葉遊びである。逆に負の領域と思える。**も**たつく、**も**つれる、**も**たれるなどは何らかの混乱により心が他所に**漏**れたことで起きた動作と考えられる。**悶**《もだ》えるとは、気絶するほどに苦しむこと。「**も**ういいかい」。

では**物**と**者**の正体とは何か。「もののあはれ」を追求した本居宣長は、岩や器物などにも宿りこんだ神秘力、呪力、生命力などを挙げ、精霊すなわち魂のことと考えた。着物や鬼も「モノ」であり、「もののけ」のごとく霊異であり、物忌み、物語など謎めいた「コトダマ」である。

昨年のノーベル物理学賞で「量子**も**つれ」とは、二つの粒子で一つを観測するともう一方も同時に確定するという。

だからそれこそ人間世界をとり巻く、この世とあの世を取り持つ世界観であり、深く厚い日本語に特有な言葉である。物を有している者とは一体であり、心と身が離れずにいることと相似していると考えられる。

この事を支えたのは、おそらく「**文**字」であろう。文字は王が神と交信するために生まれたという説もある。象形より発展し今日に至っている。我が国最古の文字「子戊」（しぼという人名?）で、五世紀の板石硯《いたいしすずり》の裏面に残されている。

世界では、六千年前のクサビ型文字（ウルク）や五千年前のエジプト象形文字（エログリフ）とギリシャのフェニキア文字がある。我が国の縄文時代である。

ち

「ち」は神霊である。この文字を発音するだけで太古の人らが神霊と共に暮らしていたことがわかる。かつては今日のように統計や予測や対策などの判断が出来ないために、ただひたすら苛酷な自然の変容を見守るより他に手だてはなく、神のまにまに神まかせであった。人々は宇宙の声を聞くことが出来た。
命をはじめ、**血**、**乳**、**地**、**父**などまさしくいの**ち**に深く関わり、いずれも霊性を色濃くみなぎらせている。東風《こち》、つ**ち**、かぐつ**ち**、をろ**ち**、いかず**ち**などの「ち」も自然の生命の息吹を物語っている。
稚児《ちご》とは、神が降り立つ童たちの姿。**千**木《ちぎ》とは棟《むね》の押さえとする鞍《くら》の一種で、破風《はふ》が延びて交差している飾りで神社などにも採用されている。千《ち》とは物の数が多いことで「ちぢ」

とも使い「千歳飴」は長寿を願う縁起の菓子である。「千早振《ちはやふる》」とは神にかかる枕詞で千の磐《いわ》をも破る意で、神の威力や恋の激しさにも例えられる。

動詞では**誓**う、**契**る、**散**るなどの他、**護**《ちは》やとは神霊の力によって護り助けること。さらに釁《ちぬ》るという難解な語彙《ごい》があり、祭りに用いる銅器などが出来た時、いけにえの血を添えて鋳物《いもの》のすきまに埋めることであり、モノを清め祓う時に使用された。「チセ」とは、アイヌ語で家のこと。

さて、この「ち」の発音は舌と歯を微妙に接触させることで実現するわけだが、上二段のなかでもそれなりの集中が要求されるのである。「し」の発声より緊張する。

少年の頃、独楽《こま》まわしの遊びで始める合図は「チッチッチッのー」という言葉であった。この「チッ」とは一体何だったのだろう。とにかく、ものすごく緊張したことを記憶している。鼻を「**チン**」するのはわかるのだが。

また幼子たちが怪我をしたり体調が悪い時には、親たちが言う「ちちんぷいぷい」というおまじないは、どこから来ているのだろう。辞典によれば二説あり「ちちんぷいぷい御《ご》代《よ》のおん宝」と「智仁武勇は御世《みよ》のおん宝」であり、子は宝として大事に育てられたのだろう。

ろ

弄《ろう》するという表現があるが、ほとんど漢字二文字の熟語が多い。呂律から変化したと言われる「ろれつがまわらない」とはいかにも「ラ行下一段」のしんがりの務めか。

老朽、**露**店、**六**道、**浪**士、**老**眼、**牢**獄、**禄**高、**狼**藉、**廊**下、**緑**青、**漏**水、**炉**端、**楼**閣、**路**銀、そして裏**ろ**がある。どく**ろ**を巻いているのか。

「ひふみ祝詞」では、十三番手のコトダマである。その前の「こ」は九《ここのつ》、「と」は十のことであり、肝腎《かんじん》の「ろ」から判読出来ない数値なのである。「も」は百、「ち」は千、「ろ」は？　よろずのろとすれば八百万から「万」である。

ら

あいうえお順の最終行の一歩手前の「**ラ**行」は、宇宙の果てへの一種の「余韻と詠嘆」の世界だろうか。それだけに実に**ラ**フなコトダマ群である。

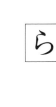

宮澤賢二は「から松」をラリックスというラテン語を用いた。その方がリラックス出来るからだったのか。から松という和語には特別な寂しさのような思いがあったのだろうか。富士の山に這う「から松」は、荒々しい溶岩のすきまに生き、なだれにも耐えている。「ら」の音読みでは踏鞴《たたら》とは大型のふいご。羅（うすものの衣）、等（複数）、裸（はだか）、鑼（ドラ）、などが今日一般に用いられている。訓読みでは、古語の「らし」（推定）や、らむ（推量、伝聞、婉曲、反語）、らる（受身、自発、可能、尊敬）に注目すれば、コトダマの深淵をのぞくことが出来るのである。

「ラ行」の漢字には訓読みはなく、他の語に比べ例文や類語も少ない。しかしこの語を重ねてみれば、夢をいだかせる音楽とも深く関わる一行であり、下に「ん」をつけることである。らんらんと光る眼《まなこ》、りんりんと鳴る風鈴、るんるんの気分、れんれんと語られる恋路、今度生まれたパンダにはロンロンと名づければとりわけ子供らに夢を与えることになる。

「……のラララバイ」「ら・ら・ら」越冬つばめは海なりのなかを何と泣いているのだろう。ジェイムス・ライムの「ララのテーマ」。

もう身動きも出来ないので、全く関係のないと考えられる外国語の人称代名詞を挙げ、破綻をかえりみず冒険を試みることにしたい。仏語の女性名詞の前に「ラ」を用い、異なる部署の間を連絡する語を「リエゾン（liaison）」と言い、男性名詞には「ル」を置き、複数には「レ」を使用し、長い間のことを「ロンタン（longtemps）」と発音する。

古来よりエジプトやギリシャとオリエントの文明などの恩恵に浴してきたのが日本語である。当然のことながら、それに続く東アジア諸国を経て成り立っていることがよく理解出来る。それにしても、日本人は外来語を多用するのは、こうした経緯を本能的に受容する習慣があるということか。

だからそれらの音の流れと、その行方を感じていたい。よって世界の言語は根が同じであることに気づくことになる。

さて文法上の「ら」は接尾語として複数を表すが、名詞に変化することもある。古語「賢**良**《さかしら》」とは、出しゃばりでりこうぶること。さらに「**ら**し」は元来、人の身なりなどから人の本質を見抜くこと。その後に推量を意味することになった。

また他の言葉を受けて「野ら」、「祈り」、「空《うつ》ろ」とスキップすることになる。さらに音楽上、譜にしにくい楽曲では「ラ行」は有効である。ド**レ**ミという西洋の音階とは異なる、いわゆる符丁《ふちょう》というモノがある。例えば我が国ならではの笛や獅子舞の稽古などに見られる「**リ**、**ラ**、**レレ**、ト**レ**ロ……」と師匠が弟子に伝える折に用いる口伝《くでん》である。

それにしても日常生活のなかで「ラ行」を気軽に用いて、歌詞（**リ**リック）を使わず洗たくなどをしながら、独酌しながら、孫遊びをしながらハミングすることは生活に少なからず潤《うるお》いを与えている。スキャット、アカペラ、オノマトペなど。

玲奈に冷たくされてもなお、**恋**々とするあまり心の**乱**気流により**浪**々の身となり果てるも、明日にはいつものように昇るはずの太陽のきら**ら**きら輝く光を浴びれば、少しは気分も**ル**ンルンとなるかもしれない。でも次の恋路に就くまでには時間がまだ必要だろう。だから今はまだ勇気**凛**々《りんりん》とまではいかないのである。

「ラ行」は、音楽の育ての親であり、遠くの宇宙の果てまで飛ぶことが出来る傑作である。乱舞、凛凛、流布、連理だからロックンロールである。連続の達人である。

ね

年《とし》あるいは歳《とし》とは、稲作の準備から稔りまでの期間である。とりわけ七月（旧暦）は最も暑い季節だとしても、稲にとっては豊穣への始動である。一年を二つに分割すればその夜こそ歳神を迎えるため、**眠**ることをいましめた物忌《ものいみ》の一日である。

六月晦日の茅の輪くぐりも同様で翌日の七月朔日を新年として迎え、餅などを用意したのである。

ネブタを流したり花笠をつけてはねたりして、舟や灯籠《とうろう》などの飾り物の行事が行なわれるようになった。いつの日か大がかりな張子形式に膨張し今や東北の一大イベントである。「ラッセラーラッセラー」と囃しながら町村を曳くのである。「ねぶた」とか「ねぷた」と呼ばれ、今や恋人探しの観光である。竿灯や七夕なども同様に稲穂に関わる神事である。あくまでも稲作の豊作を祈るための火焚きやとどろく大太鼓であり、それらにより眠りを追い払うことが目的であった。

他にも眠らない日があり「庚申《こうしん》」がある。やはり七月の上旬の「庚申《かのえさる》」の夜は、徹夜して猿田彦大神を祀り、人の罪過を天に告げ口するのを避けるために行われる行事であり、今も広く伝えられている。確か外国にも「決して寝てはならない」（プッチーニ）という歌劇があったようだが内容はわからない。でも何かしらの願いごとなのであろう。

さて**音**《ね》とは鳥獣らの鳴き声とか笛や琴などであり、音《おと》とは響きであり風の音や物音などと区別されている。根は木の**根**などであり、な（大地）の転語という説もある。大地に横たわるように、釈迦のように横臥《おうが》するがごとく休息することが「イ**ネ**ル」ことであろう。稲と睡眠を掛けて正体もなく眠ることで醸造されるのである。**ネ**アンデルタール人。

子《ね》は十二支の一番目で方位は北、月では十二月をさす。時刻は二十三時から一時の時間帯であり、万物が育ち始める時である。峰《みね》とは接頭語の「み」を付けて、高い山の頂きである。また、**願**う、労《ねぎら》うがあるが**ね**ぐとは神をねぎらうことである。神職で宮司の下で奉仕する「**禰**宜《ねぎ》」という地位がある。捻苧《ねそ》とは、合掌造りで用いるマンサク。

猫は大古大陸より運ばれたようで、「ニャァー」という鳴き声からネコと呼ばれるようになったとも。親愛を込めて「コ」を付けたしたのである。**嫉**《ねた》むはジェラシーゆえに歌になりづらく万葉集では一例しかない。他に獲物を**狙**《ねら》う、**練**る、**寝**屋などがある。ところで「あの**ネ**」「それでネ」「だからネ」……のこの「ネ」は一体何だろう。納得させる誘導と説明と用意を求める接続の品詞であろうか。幼児の話し言葉などによく使われ相互の関係は、信頼と親愛に包まれている。

「**ね**もころ」とは古語で心をこめて念入りの意であり、現代語の「ねんごろ」の元の雅語であり、打ちとけて深くて強い恋情を表わす。

し

「さ行」は全て風の音だから、海からやってくる**潮**《しほ》が決め手となる。沖縄では塩を**シ**ューと発音されるように海鳴りの音さえ聞こえてくるような気もする。潮目とは一種の境界のこと、潮時とは物事を始めたり終わらせる時のタイミングである。だから風まかせなのである。一つの動き、動作の分野である。

染む、**浸**む、**偲**ぶ、**忍**ぶ、**絞**る、**搾**る、**締**める、**萎**《しお》れるなどの「し」こそ、やがて「**死**」

を準備・用意する動詞群である。また、死はこの世とあの世の**仕**切り、**蔀**《しとみ》、**柵**《しがらみ》でもある。

さて、その場にいる人々あるいは相方のコトバの発声なり物音などを制する時に口に指を当て「**シー**」というのは静**止**を必要としているからである。発語などを止めて聞き逃さないように要請するジェスチャーである。

例えばわずかに聞こえる虫の音や鳥の声、暗がりの人語、人の忍び泣き、近づく動物の気配、遠花火の音、時折杜のなかから聞こえる太鼓の音、地震の前ぶれに聞こえる家具の揺れる音などがある。時間の一時停止であり、仮死の夕暮れである。死に神か。

潮垂るとは古語で海水にたとえた、こぼれる涙のことである。この世の我が身をどう始末するのか。時雨《しぐれ》が来る**霜**月《しもつき》までに**仕**事を片付けられるか。「し」という言霊は常に我らに生きることを急かし、狙いを定めている。「**科**《しな》」を作る余裕はないのだ。

さちをさが**し**もとめて
　さちをあえてもとめないようにして
しにものぐるいでいきてきた
　しずかなせいかつを**し**ながら
すどおりする**し**あわせ
　すわればボクがもどってきた

せせらわらうだけで
　せっかちにさちをもとめすぎた
そっけなくされたぼくのじんせい
　そぼくないきかたにようやくきづいた

そもそも「**仕**合わせ」とは、運まかせのめぐりあわせの幸運であり、「しあわせ」とは自らの力で追い求めた幸福であり、獲物から得た幸である。「幸」と「死」はどこで離れ分かれるのか。追分《おいわけ》はどこか。「し」は分水嶺、馬の背である。**時**化《しけ》の判断はいつ。運にまかせる人生には**始**末が必要であり、末期《まつご》はいつか訪れることとなる。だが自ら進んで挑んだ人生には悔いはなく、「死」を超えて再び甦り永遠の血脈の途に就くのである。命名で日本人が「忌《き》」「死《し》」「虚《こ》」を嫌うのもこれが理由である。他にも名前が「ま、さ、か、な、あ」から始まる人たちの人生は、なぜドラマチックでカリスマにしてブリリアントか。

ここで至福な「し」を挙げよう。「**敷**島の道」とは「和歌の道」のことで大和にかかる枕詞である。奈良県**磯**城《しき》郡を示す。日本国の異称である。作物をつくることで、あたり一面に敷き詰められる幸に感謝しながら歌を詠むのである。ちなみに本居宣長は、

敷島の　大和心を　人問はば　朝日ににほふ　山桜花　と。

さて「吾輩は猫である」のネコは言語にたとえられた動物という説がある。猫は一説に古墳時代より須恵器に残された足跡が推量され生存していたと。「ひふみ祝詞」と同時代である。

「ぼくはしんだ　じぶんで　しんだ」（谷川俊太郎）のボクは、三十八億年前の宇宙のひとかけらであるはず。人間社会内での悩める少年は確かに死んだかもしれない。でもほんとうに死んだのは少年のコトバかもしれない。幼児にとって川風はあこがれだった。

「ごめんなさい　ひとりですこしこわいけど　うみにもちかい　ここまできたよ」

ボクは急にもといた場所がなつかしくなり、空に吸い込まれるようにふわっと浮いてしまった。だから苦しくも怖くもなかった。いつまでもこのまま時間が続くことが怖かった。生きることと死ぬことの境目がわからなくなりボクは死んだ。ゴールデンエイジといわれる九歳〜十二歳までの少年少女の自死は二年前の四百五十余名のうち半数は「理由不明」であった。でもおそらく宇宙内存在としてはタンパク質を守るＨＰＳ47シャペロンがスノードームのなかで浮遊しつづけ、永遠にこの世に生存するのでなければ、悲しすぎる。

だから今ここで死ぬことを考えている君にはこのまま生き続けてほしい。少しの誤解に気づき、苦しさを隣人に伝え、孤独をつづり、一日一日少しずつ不安をひっくり返し取り除き、また動く手と足をじっと見つめ直してほしい。

自分を神々の分身と考え八百万《やおよろず》の神々を泣かせないでほしい。八百万とは何十億年前から続く大宇宙の奇跡と、コトバを生み出した八万年前の先達らのことである。だからビッグバンのごとく君の魂を爆発させればいい。

だからといっていきなり、ニュートリノをつかまえた岐阜山中の「カミオカンデ」を目指すのではなく、画家熊谷守一（岐阜）のように自宅の庭で地に這って見つめた草や蟻や蝶など小さき生きものへの愛着である。大宇宙の片隅に生きるモノとの共生感を重んじた簡素なタッチに触れてほしい。

まだ作戦は続く、パラサイトとは寄生虫、居候、食客である。ウイルスも自分らの命を継ぐためにたまたま人間に寄生してきた。この世は全て借り物だと考えれば何物かに居候するくらいの気分は持てないだろうか。借り物とは我々が住んでいる土地、家屋、身体のことである。

君の好奇心に添って自分のことだけに集中すればよいのだ。ただし、怒りと憎しみと差別を抱かないようにして、関心と興味を広げてほしい。

奇人Ｈ・Ｋは、少年時代対人恐怖症にして統合失調症であったという。にも拘らずあまたの事件を犯した後、岐阜山中に逃げのび、様々な別れの果て流浪の旅に出た。

でもそこで出会ったのは人々のやさしさと神々の顔であった。新しい兄弟、師、先生にはいつでも出会える。学校も各地にあり、仲間は人間にとどまらない。

死ぬ前に一度でも農林水産の仕事に就いて自然のなかで生活すれば、君はキミを取り戻すことが出来るに違いない。それでもダメならば、編者の神社でいっしょに掃除をしよう。サルトルは「掃除は芸術である」とまで言い放った。掃除が心を整えるのか、自然のなかで何らかの発見につながるのか。

き

申と寅の年まわりだから、七年に一度斎行されるこの祭りは、かつて縄文の文化で栄えた黒曜石の産地である。しかもかつては海であった。それらを集積した博物館もある。起源は古く平安・恒武天皇の代である。

山奥から運び出す樅《もみ》の**木**は、直径一メートル、重さ十二トン、長さ十七メートルの太い柱は切り出された後、山道や川や里々を曳《ひ》いて社殿前庭に立柱される豪壮な神事である。合計で十六柱となるが、編者は平成十六年甲申歳に奉与すれども**気**がついたら不覚にも救急車の中にいた。

傾斜が激しく木落とし坂は極めて危険だが、男子ならば一度は挑戦に値する祭りである。

きりがないが生きているうちにと考えれば、来たる「寅」には再訪したいと思うのであるが、昨年は規模縮小の神事となってしまった。通常の木遣《きやり》よりはるかに高いオクターブであげられるこの地のそれは格別に緊張感を否応なしに高めてくれる。

さて、「き」という言魂の世界は、まさしく奇にして不気味なゆえに奥深く、ことによれば人類にとってある種の「負」の要素を背負っているかもしれない。

自然界の裂け目や割れ目などから発出される音である。柝《き》という言葉があり、木が裂ける音で拍子木の音である。そもそも「奇」は音《おん》か訓《くん》かもわからぬが「奇しくもその朝、山中で奇妙な音ずれを聞いた」のであれば両用か。従って、この「き」という音は森羅万象の音の中で「コトバ」との関わりを探すのに都合のよい便利でわかりやすい発音といえる。

森とか海川から生じる霧に音はないけれど、聞こえるような気配がする。空と大地の割れ目から来る利《きり》なのである。愛媛で初冬から見られる「肱川《ひじかわ》あらし」はどうだろうか。その霧が「竜の息」だとしたら、気流の鳴る音をきっかけに太古の風景を思い出すだろう。

桐の木も地下より水を吸いあげる音が聞こえるような気もする。耳を澄ませばきのこもきっと音を立てながら地面を割って出てくる。松茸などはきっと聞こえるに違いない。そもそも聞く音のなかでも絹ずれや狐の足音、痛む傷口。汽車の音こそ霊がふるえる。

岸に寄せる波音は二人の絆を自覚するか。であれば肝《きも》煎《い》りの仲人を頼めばよい。逆に皮肌の内を下るカエデのメープルの音があり、サラエボの森に根づくバイオリンの材料である。さらに**刻**む、**軋**む、**錐**となれば明瞭であろう。

さて、トニー・シャフラジがスプレーした「ゲルニカ」（一九三七）の「kill lies all!」の文字から音は聞こえたか。それともピカソの声か人民のうめき声か。さて、次の英米語には何か音は聞こえますか？ kiss, key, kick, cue, keyboard,……。さて**キ**リッとした美人はとかく神経質で怒りっぽく自己中心でツンデレの名人が多いので要注意である。女優になるのが一番であろう。自らを解放して、天使をめざす職業である。

また方位のなかでも「**北**」は際高《きわだか》な所を示し、大地が切り裂ける場所のことであり、色は黒もしくは紫、生物は亀が北方を司る。玄武とも。

ところで、古代人らは気が枯れて元気を失うことを穢《けがれ》と解釈し、罪も自然と積む雪や無意に出てくるほこりなどにたとえ、現在のように犯罪という意味ではない。ただし脳に霧が発生したら何らかの後遺症のシグナルであると考えるべきでる。

「立ち去るも　とどまることもなき　**雉**《きじ》の足」（編者）

これは辞世の句である。雉が飛び立つ瞬間は心が「**キッ**」とするに違いなく、今飛び立つか、少し様子を見るかの逡巡がある。雉はまず七メートルほどの空中までとびあがり、すぐさま次の瞬間に方向を決めるので鋭い勘が必要となる。おそらく、**踵**《きびす》の筋肉は鍛えられているに違いない。人間のハンターなどの敵や獲物の捕獲のため、鋭敏な感性が要求されるのである。

きっと、人の人生と同じく北に向かうか南にするかの迷いの岐路が常にある。日本語の助詞（て、に、を、へ、の……）や副助詞の「きっと」などにも大和ことばの片鱗を見ることが出来る。

次に、上代東国の方言で「コトバ」を「ケトバ」と発音されていた時代があり、万葉集では「気等婆」という万葉仮名をあてている。気（け）音（と）葉（ば）と分解されることが許されるのであれば「コトバ」の核心にせまるチャンスかもしれず、「き」と「け」は同義語と考えてよい。「コトバ」とは、宇宙のあらゆる「気」をはらんでいる「音」から刺激を受けたことで「羽」が生えて飛びまわる存在になったと考えるのも可能ではないか。だから、ここで「オト」と「コトバ」についてのかけひきというかせめぎ合いについて、もう一度敢えて「音楽」について考えてみよう。

ある作曲家は「音符をコトバに隷属させたくない」という。音楽の生成の瞬間にあるのは、言葉にならない〝ひらめき〟だとも。音型や旋律線に音楽的な意味があるのに「コトバ」ゆえに変換するのは苦しいと言う。コトバになることを拒んで佇みためらい続ける音と、音のまま居座ることが出来なかった音がある。

だから音に留まることを諦め思わず発せられてしまったコトバにはなぜか忘れ物をしたような錯覚が残存する。果たしてブラームスは、音とコトバの架け橋となり得たのか。その臨界期に立ち会えたのか。「バイオリンソナタ第三番」はコトバに誘惑されつつも、音をつなぎ続けようとした葛藤があったに違いない。享年六十三歳の厄年であった。

それは音魂の魅力であろう。だから楽曲を練りあげることは実に猥雑な行為であり、音が先か歌詩が先かのジレンマが横たわる。詩先と曲先。双方が共鳴し満足出来るオトとコトバの結婚は可能だろうか。限られた時空では、突然の訪れ（音ずれ）とか至福な邂逅を待つしかないのである。しかも突然消えてしまう運命でもある。

「言葉は全て歌で出来ていたのに、なぜ、轢《ひ》かれ押しつぶされる自分たちのうめき声を聞かなければならないのか」。果たして人は森羅万象にどっぷりあったはずの言霊に今も助けを求め音との再会と再生にチャレンジする意思を持っているのか。原音を探す旅にいつ出奔すると言うのか。

笙《しょう》の演奏家森まゆみは、一九七八年のある日の夕方、杜の中で陽の光の縦の訪れに笙の響きを感じたという。音は真上から降臨したと。やがて横にただよい始めた時にようやく音譜に乗せた言の葉が浮かぶのだろうか。しかしその前に、風と波が運んでくる森羅万象の〈龢音《わおん》〉との出会いがあるとも。平安時代の音を探す「和編鐘《わへんしょう》」奏者、ゆきね女史の活動が注目される。そして、銅鐸《どうたく》の音。

今の人間には聞こえない宇宙の〈和音〉を聞かなければならないと。現代人は何を失ったのか。雅楽は、天・空・地を表現する。

笙は倍音や差音と和音も途切れることもなく、多くの音を同時に出すことが出来ると。

中国から伝えられたこの楽器はモンゴルの風の音「ホーミー」との関わりはあるのだろうか。古くはプラトンの「イデア」の立場に立ち、紀元前六世紀に十音の音律を導き出したピタゴラスや中国の古代人による発見に注目しなくてはならないと述懐している。絵画についても、野見山暁治は「絵とははるか遠くから力《チカラ》がやってくる宇宙的な空間との出会いである」と。

文字を綴る、絵を画く、演劇や舞踏、音楽を練る、服を造る、これらは全て虚への接近、あこがれ、挑戦である。そして恋は元々遠くにかける橋のことである。でも、なぜ恋はいつも幻なのだろう。こうした虚こそ実際には生きる意欲を生み出したのは確かである。これらの行為はおそらく宇宙の〈ハーモニー〉を聞いたかもしれないのである。それは直感や霊感をも超えた力を持っている。

四十六億年前の命のかけらがその人の魂を覚醒させたのに違いない。かつて人類は洞窟のなかで描いた岩絵のわきに手形を押した。人類にとり、手と口は最も大切な身体の部位であり、そのふたつを支えたのは足であった。口に灰のような粉状のものを含み吹きかけたネガティブハンドである。自己の存在証明を残したわけである。認印の初発か。仏国コスケールで二万七千年前の壁画が一九八五年に発見された。馬、鹿、アイベックス（やぎ）、ペンギンなど。マルセイユより南東十五キロのラスコーでは、二万年前の石灰岩の洞窟で、手形の他記号も発見された。

郵 便 は が き

料金受取人払郵便

新宿局承認

7553

差出有効期間
2024年1月
31日まで
(切手不要)

160-8791

141

東京都新宿区新宿1－10－1

(株)文芸社

愛読者カード係 行

ふりがな お名前		明治 大正 昭和 平成 年生 歳
ふりがな ご住所	□□□-□□□□	性別 男・女
お電話 番 号	(書籍ご注文の際に必要です)	ご職業
E-mail		
ご購読雑誌(複数可)		ご購読新聞 新聞

最近読んでおもしろかった本や今後、とりあげてほしいテーマをお教えください。

ご自分の研究成果や経験、お考え等を出版してみたいというお気持ちはありますか。

ある　ない　内容・テーマ(　　　　)

現在完成した作品をお持ちですか。

ある　ない　ジャンル・原稿量(　　　　)

書　名				
お買上 書　店	都道 府県	市区 郡	書店名	書店
			ご購入日	年　月　日

本書をどこでお知りになりましたか?

1.書店店頭　2.知人にすすめられて　3.インターネット(サイト名　　　)

4.DMハガキ　5.広告、記事を見て(新聞、雑誌名　　　)

上の質問に関連して、ご購入の決め手となったのは?

1.タイトル　2.著者　3.内容　4.カバーデザイン　5.帯

その他ご自由にお書きください。

(　　　)

本書についてのご意見、ご感想をお聞かせください。

①内容について

②カバー、タイトル、帯について

弊社Webサイトからもご意見、ご感想をお寄せいただけます。

ご協力ありがとうございました。

※お寄せいただいたご意見、ご感想は新聞広告等で匿名にて使わせていただくことがあります。

※お客様の個人情報は、小社からの連絡のみに使用します。社外に提供することは一切ありません。

■書籍のご注文は、お近くの書店または、ブックサービス(0120-29-9625)、セブンネットショッピング(http://7net.omni7.jp/)にお申し込み下さい。

おそらくディドロとダランベールやボルヘスが迷い込んだ言語の森が螺旋階段のごとく続くゲノムの回路のように、始まりも終わりもない八つの銀河のまだ遠くから聞こえるかもしれないハーモニーとメロディに出会える日はどうやって訪れるのだろう。姿なき光もなく漆黒以上の闇空間から運ばれる風に乗ってくるのだろうか。

メシアンは二十六種の鳥の声を楽曲に乗せ、その弟子は「パリは燃えているか」を作曲した。燃えているのは街だけではなく、その時代の人間の営みであったことは言うまでもない。「高く碧い空が落ちてきたとしても海が轟いて押し寄せたとて貴方がいるかぎり私は恐れない」とピアフは唄いつづけた。

オーケストラ「隕石群」の作曲者、望月京《みさと》は、「太古の地球に降り注いだ隕石に付着していたアミノ酸から原始生命が生まれる過程を音楽にした」という。大きな存在、至貴なるものに対して自然に頭を垂れるのが〝信仰〟だとすれば、作曲もそれに近い行為なのかもしれないとも。言葉によらない創造の領域とどこかでつながっているという。言葉の網をすり抜けて奥深く沈潜した青春期の記憶を述懐している。

また、ハンガリーの作曲家バルトークの作品「バイオリンソナタ第一番」は、宇宙のかなたの惑星からのハーモニーを感じることが出来る。難曲ゆえに奏者（ＳＡＹＡＫＡ）は恍惚《こうこつ》なのか忍び泣きかわからない。目は見開き口はへの字にゆがみ、まるで原色、紺丹緑紫の十二神将のごとし。次々に豹変《ひょうへん》する彼女の尊顔も、演奏が終われば乙女《おとめ》の素顔に戻る瞬間は息をのむほどである。演奏とは、動物の眼になることである。

第二楽章に移れば、大量の流れ星と海に落ちる隕石、逃げまどう怯《おび》える動物たちさえ目に浮かぶ。やがて訪れるアミノ酸がタンパク質に変貌《へんぼう》する瞬間を待つ。生命の源である。バクテリア、古細菌、真核《しんかく》生物、アスガルドアノキア、そして巨大ウイルスらの生命の樹である。

今までは、ただ水の流れを眺めながらそれらにまかせるしかないと思っていた。でもその水源をたどってみたら常に宇宙と饗応してきた「コトダマ」という国境のない元始の音魂を聞けるようになった。

また、脳と脊髄に炎症を起こしたアリス＝紗良・オットは、ある日ショパンの「二十四の前奏曲」に出会った。曲と曲の間に七曲の現代曲をはさみ、左手は復活した。自らの人生のエポックを確認しながら。

る

本来、助動詞「れ**る**」の文語形であり、口語でも様々な名詞と共に使用されている。**類**するとは、名詞の前に置かれる。漢字では**留**、**流**、**累**、**類**、**瑠**璃《ルリ》などがあるが、やはり外来語が多い。ルネッサンスとはヨーロッパで広がった芸術などの革新運動で、古典文化の復興をめざした。ループ、ルーレット、ルビー、ルポルタージュ。

縷々《るる》とは、長く続くことであり、蔓《つる》が伸びたり、昼《ひる》も夜《よる》もひたすら継がれていく。

ゆ

奥三河地方の山村で、暮れから新年にかけて行なわれるこの祭りは、天竜川の中ほどにある隠れ里の花神楽である。二十三ヵ村で繰り広げられるが、川の上流でもなく下流でもない山深いこの地は原始渓谷とも言える。

編者が随員を伴って通っていたのは昭和四十年代である。雪が舞う真冬のしかも年末年始のために観光客はほとんどなく、せいぜい写真や民俗に関心を持つとりわけ東海地方近辺の人々であったと記憶している。

数日前より、村人らに委《ゆだ》ねられた花宿は用意される。いわゆる頭屋《とうや》に選ばれた民家に設営されるのである。**豊**かな暮らしとそれを支える作物の稔りを願う行事である。関係者一同は**斎**《ゆ》まわり清まわりて、いわゆる潔斎《けっさい》を行なう。

花宿の土間中央に**湯**立ての釜が用意され、神楽を舞う座敷の四隅には「ざぜち」という切り紙で造られた注連が飾られ、いわば神座のしつらえである。縄に結《ゆ》うたその注連飾りはまさしく神迎えにふさわしい趣である。結界である。「はかま紙」という切り絵もある。

御神楽、地固め、花の舞、三つ舞、四つ舞、湯ばやしの舞からなり、夜を徹して稚児の舞も加わり飽きることはない。舞い手たちの心持ちは緩《ゆる》むことなく、くつろぎもない。歌詞は百三十九種類あり、「しきうた」と呼ばれる。往《ゆ》く年を送り忌々《ゆゆ》しい心構えで神聖な新年を迎える故に、厳しくもおごそかな唄が残されている。

五十　あなうれしやら喜ばしかくあらば
　　夕立道は神のかさみち
七十五　神々も花のみゆかに渡りきて
　　御子もろともに　舞ひやあぞぶら
九十一　ゆずり葉の若さに似たる吾なれば
　　われ諸共に常若の尉

「五拍子の舞」で発せられる「テロレ〜ヘホヘ〜」という村人らの掛け声はいつまでも耳に残り、この世とあの世の入り交じった神々との語らいはほぼトランス状態に入る刻でもある。夜が明けてくる頃にはいよいよ「湯ばやし」がある。「束子《ゆたぶさ》」という、いわば祓《はら》いの道具（大麻《おおぬさ》）を持ち湯釜のなかに入れ、あたりかまわず振りかざし、村人らは体じゅうがずぶぬれになり幸をいただくのである。一時間二十分の舞である。

「ゆ」の世界は大方おはらいである。**弓**を引く祓いもあり、入浴をゆあみといい、**柚**子湯に入る冬至、柚餅《ゆべし》という菓子、豆乳を煮て、表面に出来る黄色の薄い皮を湯葉（京都）あるいは湯波（日光）という。参拝前の手水も**指**のみ清める。放心となる**夢**には異次元に招かれる作用がある。

ゆるぎとは富士五湖のうち本《もと》栖《す》湖の湖底より湧き出る水のこと。古語の**ゆ**めゆめとは斎《つつし》み謹《つつし》みて努力することであった。謙譲心こそが尊ばれたのだから**譲**《ゆず》り合うことで神人の営みが続けられてきたわけである。

ゐ

ア行とヤ行に重出するので本稿では「い」に委譲する。

つ

津や洲や川という漢字から「かな」への変遷の経緯を見ればわかるように、「つ」はその丸い形状ゆえに水が集まる場所から、霊威が集中することになる。「つ」は接点であり、出入りするところで海と大地、刀の鍔《つば》も本体と柄の接点にあるモノ。

山と海は一体であり、山から流れ来る水が満ちて海に流れこみ、山の幸という栄養を海にそそいでいるわけである。**土**は、山の神や海神《わだつみ》からの浸食を受ける。

湾、入江、水辺から連想出来る地名として、大津、津軽、対馬などがある。すなわち水は「つ」で満ちているわけである。だから丸いモノとは、**壺**、**面**、**粒**、**鍔**《つば》、**鼓**、**礫**《つぶて》、**包**む、**つ**むじ風などがある。他にも**蹲**《つくばい》、**柄**《つか》、**翼**《つばさ》、**蕾**《つぼみ》そして**円**《つぶ》らな瞳があり、まさしく丸いモノたちの群れが存在する。

包み隠すことが上代では**罪**だったわけであり、日夜**つ**らつらと呟《つぶや》くような後悔はしない方がよいだろう。ただ**妻**は丸いのか、そのおかめ顔からか縄文土器のふくらんだ腹なのかわからない。上代、夫もツマと発音され隣にいる伴侶である。野菜や海藻などの魚の**ツ**マもその隣に置かれ皿を飾り付けた。それはまた、栄養上のバランスのためにまた色どりのために付けたのである。**茅**花《つばな》は茅の輪を編む時に用いる萱の一種でその花粉は丸く風に飛んでゆく。椿の花も丸く落**椿**は美しくもはかない。

山椿　振り返り見れば　紅ひとつ（H・K）

円形のゆえにその核心に水などが集まり霊威が集中することから考えれば、芋の葉にころがる玉の**露**を始め、**つ**ららや望**月**（満月のこと）、**津**波、**唾**などがある。また、母の羊水や刀の鍔にも大きな霊力が感じられる。

小粒だがあやしい**つ**つが虫から免がれて人生を恙《つつが》なく無事に暮らしたい。夜をまるごと**貫**いて、故人を偲ぶ通夜のざわめきもある。

文法上では助詞として位置を表し、天つ神、国つ神、海つ神、先つ年などとして用いられてきた。

発音からすると、上歯の先を舌の先に少し当てると同時に、すぐさま離すことで発音されるささやかなしたたかな集中である。五段活用の中段の特質を見ると、う（海）、く（蔵）、す（洲）、つ（月）、ぬ（沼）、ふ（富士）、む（夢）、ゆ（湯）、る（流）となり、下の一段と二段より押し上げられても、中の段は飽くまでも中庸位置を堅守し、上二段への影響を常に与え続ける要塞となる言霊群である。なぜかこの中段の文字から始まるファーストネームの人々は打たれ強く、右と左の中間を生きられるバランス感覚のよい人たちである。霊力の働きが人の命名にまで及んでいることとは驚くことだ。

さて、潮《しお》という海水の満ち引きは、人の命の誕生と死に際をはじめ女性の体調にも大きな影響を与える。集中の「ツ」と訪来の「キ」が合体され、夜を支配する月読命《つきよみのみこと》が祭神である。

月にまつわる歌や話はすこぶる多く、その輝きと常に欠けゆく姿に人は**憑**かれ、不思議さと畏敬を以って接してきたわけである。日ごとに変容する形こそ一種の畏怖を覚え迎えたに違いない。

月は様々な意味で太陽の相方である。さらに地球との関係を見ても人類にとり隣に存る神である。宴のなかの盆と盃にうつる月影。男と女が共に心を寄せる共有物として万葉集では、

「春日山　おして照らせる　この月は　妹が庭にも　さやけかりけり」

また、無常を語る歌として、

「世の中は　空しきものと　あらむとそ　この照る月は　満ち欠けしける」と。

常に変わらぬ太陽の形とは明らかに異なる。連用形の盡《つ》くや尽きるが名詞に変化し、月の終わりを尽《じん》と読んだ。三月尽。音読みでも月《げつ》と闕《げつ》の共通音がある。

地球が丸いことを考えれば土《つち》とは、その地中にひそむ地霊をも示し、その処《ところ》を支配する霊《ち》という意味である。

近づけば　月の後ろに　隠れけり
君が袂《たもと》が　翻《ひるがえ》るごと（H・K）

わ

古代人らにとり「わ」の発音はどのような思いであろう。まずは驚き、気づき、そして喜びではなかったか。今日見られるお神輿の担ぎ手たちが「ワッショイ」とかけ声を出しているのが良い例かもしれない。

わたつみとは、海を支配する神で海のことである。海はかつて死者の国であり、水葬することで肉体が浄化されたに違いない。また蘇生・転生から考えれば「**若**水」があり、「若」とはそれまでに憑り付いていた霊意に新たな霊力が宿る状態にすることである。

ワカ、オカミ、イタコなどと呼ばれた巫女の役目は呪力を発揮する重要な位置にあった。アイヌでは水のことを「ワカ」という。また、若布《わかめ》を採集する神事や新年の若水などもわかりやすい習俗である。若草山に集う鹿たちもいる。

さて**若**狭《わかさ》の国では、遠敷川《おにゅうがわ》でお水送りをして奈良東大寺二月堂下の井戸でお水取りをする行事は、春の訪れを知らせる修行僧らのおつとめである。今年で千二百七十二回目の修二会である。三月十二日。福井県と奈良県が地下で繋《つな》がっているのだろう。

綿、**忘**れ貝、**わ**さび（初出は飛鳥時代）、**わ**らび、**藁**《わら》、**童**《わらべ》、**わ**らじ、鳥獣を生け捕りにする罠《わな》がある。すべて命を謳歌するコトダマであり、若がえりを実現するわけである。笑う声が響き渡る若者たちの群れと輪。湧き水をすくう若衆《わかしゅ》の手はまばゆい。忘潮《わすれじお》とは、引き潮の時に残る海辺のへこみの潮水《しおみず》のこと。

「わざをき」とは俳優のことで、神前で神々を楽しませる人のことで「わざびと」ともいう。能楽の世界では老人を演じる時こそ若振舞であれという教えが残っている。

分けたり是非を判断することから「別れ」という語に至ったことから考えれば、それほど暗いイメージだけではない。しかし「災《わざわ》い」とは奥深くに隠されていたモノが現れることである。割れ目は、人の世のわかされの部位である。

そこで「大祓詞」などの呪文により魂の復活に好転させる様々な呪術が考えられたわけである。「悪い」も同様にその状況をじっと抱きしめて時を待って逆転させる機会となることを祈った。

それらのいわば負も背負う「わ」の世界は、「和歌」を詠むことで心を解放することになる。宴とは元来、和歌を詠むことであった。命を蘇らせる大切な手段であり、大宇宙のなかで生き延びる慶びと哀しみを併せて甘受してきたのである。まさしくコトダマの力を借りた、今も連綿として続く文学の最高峰である。万葉集二十巻、四千五百十六首。

私とか我々というコトダマは、いつの頃から主語の代名詞として使われるようになったか。古くは所有格であり、私の田という所有地であった。コトバは時代により微妙に変化を余儀なくされるのである。

ところで犬が「ワンワン」と叫ぶ時、人に何を伝えようとしているのか。何をしてほしいのか、出来たら真意を聞きたくなる。**鰐**《わに》の口はなぜあんなに大きく開くのか、いつか聞いてみよう。犬は人につき猫は家につくという。犬にまつわる伝説は広く伝わり、出産、狼、狛犬など資料では十二ページもさいている。起源はネコよりも古く、大陸からの舶来《はくらい》であるらしい。縄文後期の頃とわかってきた。

ぬ

出ては隠れる行方も知れぬ月に照らされし雪女の精に誘われ、**額**田王《ぬかだのおおきみ》の娘をめとりし大友皇子は、天武天皇の御下《おさが》りの奴袴《ぬばかま》を着き館《は》を出た。
昨夜より降り続く**泥**《ぬか》濘る雪道を歩き出すも、沓《くつ》は脱げそうになり**布**の衣も**濡**れてしまい足元の泥にも**滑**《ぬ》めりこむ。ようやく竹林を**抜**けるとあやしげな**沼**にたどり着いたのである。するとなぜかなま微温《ぬる》い風が**ぬ**うっと吹いたのは、そこが温泉の近くであったからである。
この話はその後誰かにも**ぬ**けぬけともらすことは決してなかった。ただその夜は用心のために持参していた小ぶりの**幣**《ぬさ》で、ひたすら我が身を祓うことしか出来なかった。**烏**玉《ぬばたま》の夜の若き**主**《ぬし》には不思議な出来事であったことは言うまでもない。だが無事館に戻って湯浴《ゆあみ》につかったことでようやく正気に戻った。

ぬくぬくと育った皇子にとっては忘れられない一夜となったことは間違いない。そして魚の**饅**《ぬた》と野菜の**糟**《ぬか》漬《づ》けで一献《いっこん》をいただき、心に安寧《あんねい》が訪れたのである。だが、どこからか季節はずれの**鵺**鳥《ぬえどり》の声がしたような気がした。別れた亡き人の泣き声に聞こえたのは気のせいだったのだろうか。

後になって、その人の名は「ぬえ」というめずらしい名前であったことを思い出した。随分と時間が経っていたからであった。雪女の精霊（セイレーン）だったのではなかったか。

「ぬ」とは、地中のバクテリアとか発酵作用にも関係があり、ベトナムの魚醤《ぎょしょう》「**ヌ**クマム」は有名である。

そ

「**そ**」は風の一つであり、風を**削**《そ》ぐわけで、このコトダマの核心は「**素**」であろう。**そ**もそも**遡**《そ》とは源に還る、戻ることである。**そ**よそよと靡《なび》く万物こそ空と神との饗宴・競演と考えてよいだろう。

松の羽衣をはじめ注連縄の向いて左側の細く束ねた先の**そ**よぎ、新しく染められた祝いの大漁旗など、神の素顔は常に身近に存在している。それらは皆降臨であり竹の梢をゆらす微風も。

蘇《そ》とは牛や羊の乳を煮つめて濃くした練乳である。真麻《まそ》という繊維は削がれ川で**そ**そがれ作られる。南禅寺の境内地の上を走る**疏**水《そすい》にいつか鮎を泳がせたい。

また、**袖**振るとは巫女が神を招き寄せる舞のことだが、招魂の呪的行為に発して愛情を示す所作となったわけである。

遠**退**《とほそ》とは果てのこと。**園**は鳥が鳴く清々《すがすが》しい庭園のことで、春先の梅林のなか。**蕎**麦《そば》はその実をつぶして粉にしてさらに板状にして細く裁断したもので、他に団子にしてそばがきで食する。**外**《そと》はいわば誘惑を**そ**そられる宇宙。**朱**《そほ》は赤土。**空**は果たして虚空か実存か。衣《そ》。**杣**道《そまみち》とは木樵《きこり》らが山林であら削りの製材を運んだ道のこと。**山**裏《そで》とは山の向こう側のことで、後に衣類の反対側を裏返しにする場所で、その垂れた部分を**袖**《そで》と言うようになった。

人から避難されたりけなされても、**そ**知らぬ顔をするのも、**謗**・**譏**・**誹**《そしり》から身を護る手段はいつの世も変わらない。相手と疎通をはかるつもりはないのだろう。

研究書によれば先祖・元素・遡源などから「モト」の意を共有し英語圏ではsource、

sole, solar, soil, somaらと関連があるという。このソーマとは、からだつきという漢語で軀幹《くかん》と約す。「ソーマ」とは古代インドの聖液で「蘇摩」と表記され、正月にいただく「屠蘇《とそ》」につながったと。ただ節分に戸口に貼る「蘓民将来……」の「蘓」と「蘇」の違いはどこにあるのだろう。兄弟の人名によるものか。

問題は「素数」である。リーマンが一八五九年に予想した「データ関数の全てのゼロ点は一直線にある」という$\frac{\pi^2}{6}$である。他の研究者により後にミクロとゼロ地点は、虹のプリズムと相似するという提起がされた。物理と数学の間で揺れ動くだろう非可換幾何学は、果たして創造主の宇宙設計図となる可能性を秘めているのか。宇宙は数学の言葉で出来ているのか。素数は一及びその数自身の他に約数を持たない正の整数のことで、例えば二、三、五、七、十一、十三、十七、……と無限に存在する。

今や百五十ケタの素数がインターネットの世界で機密情報を支えている時代である。このようにして地球人のみが膨張の一途をたどり続ける。「人間は地球を痛《いた》めつける害獣」か。

奇せずして我が国の俳句や和歌も五七五なり七七と足して三十一の素数からなり、学問と並行してこの宇宙と「私」の謎にいどんできたわけである。神と人との素振りにこそ何かが見えてくることに期待したい。たくさんの素敵な人とのなれそめを契機にこの世にあることの喜びを実感したい。

なのに現代人はなぜ人の話をそっけなく無視したり返事すらしないのだろうか。聞きたくない、反対意見を出して相手と敵対したくない、相手にずばり突かれたので沈黙する、性格が異なるので会話はしたくないなど、すべて自己保身である。結局は、他者と余計な関わりを持つことでストレスを背負いたくないのが本音であろう。だから各種の通信が流行するのだろうが、もはや様々な場所で破綻している。

かつての「一座建立」の精神はもう還らないのだろう。茶の心である。

を

「を」は、平安中期までは「WO」であったが本稿ではP.97「O」に委ねる。

た

武蔵ノ国**多**麻郡に鎮座する総社の名を持つこの社の歴史は古く、およそ二千年前と伝えられている。途中、時の武将の命により本殿を北向きに変更した経緯がある。従ってかつては南側の寺領から石段を登り、**高**い所に鎮まる神社に参拝していた時期がある。近世、徳川家の鷹狩り場はこの地より丑寅の方位にあった。

本殿に鎮座する黒光りの石と主神をはじめとする九柱のうち、阿弥陀如来と釈迦如来ら五体の本地仏は、仏教伝来の後と考えれば七世紀以降と思われる。さらに相殿に祀られている六神は関東近在の六社を合祀、国府と定められた八世紀律令制度が整えられた後のことである。社殿南側を流れる川の字は、万葉仮名を採用したことから現行の表記で伝えられているが、本来の意味は「玉」あるいは「魂」である。この社名にも「魂」が使われているが、古字でありツノはない。「魂」。この社の参拝袋などの社名はいまもツノはない。

「江戸名所図絵」（一八二九年）にこの祭りが描かれており、先導先払いを奉与する講中の高張提灯に「石原」という名が記されている。この村は、ご例祭に用いる種々の神具などを磨き清めるために、潮汲みに赴く時に通った村である。鎮座地の東に隣接する村であり、幕府の直轄地の一つであり重要な役割を担っていたと思われる。往時、端午の節句に近在六所からそれぞれのご神体を奉じて参詣した各講中の風習のなかには、すでに「観光」をも含まれていたはずである。その遊山の中で嫁取りや仕事の斡旋や各種の情報交換が行なわれ、さらに賭博をはじめとする様々な遊興が用意されていたわけである。

さて、六社の神輿の露払いを担当する先払いの太鼓は、近世では肩で天秤棒をかつぎ奉仕されており、言わば「ふれ太鼓」の態であった。時代の変化により次第に大きさを増し、しかも台車の上に乗せるようになった。太鼓上で提灯をかざす者は、打ち手に対して「オーライ」と外国語のような言葉を発するが、実は「恩頼《おんらい》」の訛《なま》りで、神の恵みへの感謝の意である。しかし何でもそうだが他にも説があり、田作りの時期でもあり雷《ライ》という恵みの水を呼ぶ声（応）であると、また幸福を招く蓬莱《ほうらい》とも伝えられている。

　地元の各町内と外部の応援団体の神輿講中と太鼓講中は協力もするが競い合い暗闇の中で斎行されてきたこの祭りは喧噪を極め、見物に値せず、午前零時に出御していたかつては家々の照明は消されたのである。この様相は十八時の渡御になった今でもなお、基本的に継承され観光の気分を削ぐものとなっている。あくまでも奉仕者たちの年に一度の男子の節句の晴れ舞台である。この地方は、新選組の近藤勇（東京都調布市）や土方歳三（東京都日野市）らが旧幕府の最後を支えた「武」と「誠」の精神風土を持ち堪《こら》えた土地柄でもある。その気風がこの祭りにその片鱗が残されているような気がするのである。

　農民が武器を持つことの感激と興奮があったに違いない。それにしても、かなり残忍な所業や好色と子孫たちのその後を考えると、甲州路の「夜明け前」は少々長かったと思えるのである。ちなみに新宿を出立した一行は明治元年三月朔日午ノ刻、当社入口にて隊列を整え、生まれ故郷に立ち寄り、次の宿場で宿泊したと伝えられている。
「武夫の恥」を肝に銘じた土方は奇しくも明治二年五月十二日五稜郭で没した。西郷吉之助も「出水兵子の掟」で武士の節義を少年兵士に残したのである。

　昭和の末期になると何と口径《こうけい》で二メートル強の刳貫《くりぬき》の大太鼓が奉納された。重文の門を

飛騨高山「まつりの森」大太鼓
口径２ｍ12㎝、直径２ｍ73㎝

削り御旅所内に着御《ちゃくぎょ》することも出来なかった。これまで三十六年間、大勢の人々が集《たか》ってきたが誰一人さえ太鼓の中央に桴《ばち》は届かず、太鼓講中の常軌を逸脱した飾り太鼓の新調であった。数年後、裏面の右上はなぜか破れ、その年は使い物にならなかった。裏の面とは正面から見て左側であり、本来は撥《ばち》を入れないが、この地の風習であり両面で競いあった。その直後にさらに大きな太鼓が二基造られたが、イベント用のモノであり、差しつかえはなかった。太鼓桴《ばち》の長さはおよそ五十センチ、太い部分の直径は七センチ、握り部分の少し細い所で五センチほどで重さは約二キロである。身の丈六尺体重二十四貫の体格でも、おそらく中央には届かないだろう。腰を落として叩くことから口径五尺止まりが人間の限界と考えられる。従って、この太鼓は打つというよりも**叩**くと言った方がよいのである。

「た」の言霊は分厚い。高天原や高千穂に象徴されるように神の座は高くにあり、深く神霊に関与している。**岳**とも**滝**にもなりあるいは「多賀」のごとく社名ともなっている。**滝**とは大地の裂け目より落下する止むことなき、時の正体を表現する不思議な水の姿である。**沸**《たぎ》る滝壺でその姿は消滅する運命である。また、**竹**の色や地下茎の強さは、よく神事に使用されてきた。角力で力士が土俵でシコを踏む行為は音を**立**てて邪霊を追い払う作法である。子供らも畔道を棒でたたき害虫を追い払い豊作を祈った。叩くことにより霊がその場所に集中してより付いたと言えよう。大地に**建**てられた柱群（三内丸山・諏訪など）は生命の尊厳と保存であったか。**太**刀の初発にしても人間にそなわった霊力の**賜**物であり、降神は横ではなく飽くまでも**縦**である。鏨《たがね》や踏鞴《たたら》もしかり。「た」の世界は、上と下、山頂と平地、成長と退化など、対面するいわば陰と陽を表現する。ちなみに、**た**らちねとは、垂れる乳から母親のこと。

妙なる琴の音を聞きつつ、特別小さく**断**たれた**畳**の上に**棚**を並べ七夕の宵にて素麺を**手**向け二つの星の幸を祈ったのである。**旅**は他の土地で火をいただくことであり、**足**袋は元来鹿の皮で造られ、長男の**太**郎はよく**宝**船に乗って各地を巡り、「高い山から**谷**底みればヨイヨイ瓜や茄子《なすび》の花盛り」という祝歌を覚えて**楽**しんでいるという**便**りが届いたが、今はいずこを旅していることか。

は

お正松《しょうまつ》　飾りの**箸**の　雑煮なり
羽根日和　たすき**八**の字　競いけり
こでまりや　昨日の恋を　**話**しをり
春一番　**母**は**走**りて　**働**きぬ
鶯《うぐいす》の　**初**音に目ざめ　姿見ず
葉桜や　今宵も宴　**捗**《はかど》りて
疫病や　茅の輪くぐりの　**祓**《はら》いかな
佐藤君　返事は**ハ**イと　夏休み
艀《はしけ》より　渡す恋文　受け取りぬ
芋**畑**　蔓《つる》をも**食**みて　終戦日
蜂の巣や　煙も踊る　杜の影
弾くなり　闇を切り裂く　大**花**火

翅《はね》有れば　蜻蛉《とんぼ》とデート　青の空
黄金色　光を**放**つ　蛍かな
橋に立つ　山の**端**より　ほととぎす
霧**晴**れて　雉《きじ》が飛び立つ　蘆の**原**
雪女　烏《からす》を**孕**《はら》み　黙しけり
注連縄を　**張**りて待つらむ　新た年
鰰《はたはた》は　なにゆえ神の　魚らし
去年今年　**霽**《はれ》の日多し　神酒交す
来る年の　作付け**計**り　年惜しむ
靡《なび》く**旗**　新たな歳の　日章旗（H・K）

「は」の世界は命を蘇らせる、再生を意味する言の葉である。霽《はれ》の日とは、非日常の特別な晴れの日でありとりわけ祝いごとなどである。天使の羽根や心躍る気分になる春の日。畑は人の命を保つ食物を育てる場所であり、そのたなつものを載く時の道具である箸、そしてモノを噛む**歯**の役割こそ命の黒衣《くろご》である。それは**腹**に吸い込まれ各臓器に栄養として運ばれるのである。幅《はば》が広いのが核心である。

お祓《はら》いとは、本来の健康を取り戻す自力による神事である。その種類は多く、紙、麻、米、塩、火、刀、水、湯、海水、砂、香、花。例えば茅の輪くぐりとは、青葉の生命力を摂取することで命が甦ることを願う行事である。酸素が充満している野原は男女の恋を**育**《はぐく》み、「春の盛りの萌え出ずる草々が天より降りかかる光をあびて」互いの心は**ハ**ッと芽生えたに違いない。「男女の恋の駆け引きは心の揺らぎの言い回しに励むことで和歌を通して、より言の葉の綾が花開いた」のである。

清々しい空気をたっぷり吸い込んだ**肺**は、必ずや元気な返事や宣言を発することが出来るだろう。だから時には自らの想いを言魂に託し心を**掃**き出せばよい。「想像してごらんよ、全ての人々が**ハ**ピネスな世界にいることを！」（ジョン・レノン）

浜木綿や　夕**映**えのなか　なお咲けり（H・K）

花こそ宇宙の**華**の核心であり、世阿弥はその「花伝書」の中で幽界と夢幻を通じて、老骨にも残る花の証拠を後の世に残した。花の美しさはその色彩は元より蕾から枯れるまでの全ての過程こそ宇宙の生誕を物語っているはずである。花の散る姿とは、死こそ再生の契機であり悲しみつつも、**葬**《はふ》ることは埋葬のことなれど、**墓**はその人の来世の再来を祈る場所である。だから死者たちが生き切れなかった残りの時間を、今生きている人間が生きることを宣言する所である。「**ハ**ベル」とは、大和ことばで蝶のこと。

方舟《はこぶね》や　荒川**早**瀬　**囃**し立て（H・K）
生き者よ　杜のなべてを吸い込んで
吐き出す時ぞ　海のかなたに（H・K）

なお、「ハ行」のみに半濁音があるのは、やはり命《イノチ》の再生に関わる音だからである。いのちの多様な息吹であり、人の世の機微を表現するのに、自然ななりゆきであったと考えられる。**パ**ラパラと舞い遊ぶ風花《かざはな》、**ぴ**ょこぴょこと歩くヒドリガモ、「私」だと思い込んでいた、ちっぽけなあぶくが**プ**チンとはじけた瞬間、ある決心をした。**ぺ**こぺこと頭を動かす鳩とあそぶ子供ら。**ポ**ーッという汽笛を聞いた瞬間なつかしい少年時代を想い出したのである。パッションン、ピアノ、プッチーニ、ペルソナ、ポール・マッカートニー。

逆に強烈なコトダマを有する「まさかなあ」には半濁音は許されない。なお、濁音ではずかしい、とうせんぼ、けちんぼ、ドロボーなど負の思いを伝えている。鼻濁音。

く

人類にとり初発の発見からすれば、鳥たちの声だろう。**嘴**《くちばし》を器用に使い、九州で待鳥《まちとり》という人の名がある。クゥクゥ、クックッ、クワックワッ、……青い鳥。「く」は五段のうちで中段ゆえに上と下のつなぎと考えれば、**首**が考えられる。**雲**も大地と大空の中間に現れ、宇宙のどこかから湧き来（ク）る温気（モ）がその正体である。時に太陽光を遮《さえぎ》り地上を**暗**くすることもある。

まず一点に集約される、閉じ込めることから言えば、**国**、**熊**手、**蔵**、田んぼの**畔**《くろ》、**沓**《くつ》、**踝**《くるぶし》、**栗**、**葛**《くず》はその根を粉にする。**釘**、歌舞伎の**隈**取《くまどり》などがある。俳**句**も五七五と**括**《くく》る文字である。**籤**《くじ》は古代神意を占う方法であった。他に**汲**む、**繰**る、**串**刺しの魚。他に岩**磐**《いわくら》とか高御**座**《たかみくら》とは天皇の玉座である。

また、**草**枕とは旅先で草を結び作った枕のことで、悪霊を祓う意図があった。とりわけ草のなかでも萱《かや》とかいぐさなどは生活上重要な植物でありやはり霊意であった。草は枯れて腐っても薬草となり、魚もわざと腐らせ寿司を作り、**茎**茶も捨てられない軽妙な味である。

さて日本武尊《やまとたけるのみこと》が東夷征伐の折、倭姫命より授った草薙剣《くさなぎのつるぎ》を抜き、駿河で草を薙《か》り賊の放った火を防いだのが由来である。すなわち草とは来（く）る幸（さ）である。

ただこの音には負の部分もあり、**く**すむ、**砕**く、**苦**しむ、**狂**う、**崩**れる、曲者《くせもの》、**糞**などがあり、**苦**労の末に乱気流と粉砕の段階に迷い込んだと思われ、この世の闇を**潜**《くぐ》ることになるわけである。

一日が終了する暮れどきまでを〝暮らし〟と言うわけだが、その日だけでなく食うために生きる日々を明るい生活にしたいものである。だから良きパートナーと組めばよい。

いまから六十年前、木曽中山道で出会った天空の城・苗木城《なえぎ》（中津川市）の麓に住む老人は、今や難聴となりとも木曽川のほとりで、自給自足の生活を送っている。

季のある暮らし　花のある暮らし　句のある暮らし（N・S）

め

目はモノを見る器官である。**愛**ず、**珍**しい、**廻**る、**食**《め》す、**目**覚めるがある。名詞では**雌**、**牝**はめす。最近少なくなった**目**高《メダカ》、季節の魚の**目**刺しや**眼**張《メバル》は旨い。桜の花粉でお**め**かしする**目**白という鳥。**女**滝とは細く勢いがゆるやかな滝で女波もある。**海布**《め》は海藻のこと。瑪瑙《めのう》とは、細工用の石で初出は日本書紀。
　実は「め」の古い形は「ま」であり、まなご、まつげ、まぶたなどやはり眼に関わる単語である。ただ、まかないなどは食間の間《ま》といういわばつなぎ**め**と考えられる。目《ま》の当たりは、面のあたりとか眼のあたりとも書く。
　めらめら燃えるような恋に芽ばえた後、いくたの困難を乗り越えて八ツ**目**下の相方を**め**でたく**娶**《め》とることが出来た。時には**め**そめそしたり、互いに**め**くじらを立てることもあったが、少しずつメッキははがれてきた。その女《め》は今日まで三十年よく耐えてくれた。目に入れても痛くないほどの孫にも恵まれたではないか。二人の結びめがほどけなかったのは、この世が天国六地獄四の割合と考えていたようだ。

さて編者はかつて島根の山中で出会った我が国最古の国語辞書「和名鈔」（源 順《みなもとのしたごう》）を卒論と決めた。

専門分化に頼る共同作業による辞典の編纂と、個人の百科的構想による編集とは明らかに異なる。前者は誰がどの作業を担当したかもわからなくなり、誤植をさらに重ねることにもなる。「和名鈔」や「日葡辞書」こそが個人による百科の志向に支えられた仕事であり、それらに遠く及ばないがその恵みを継承したいという思いである。

折しも勉誠社の復刻版「日葡辞書」（一九七三）が発行されたばかりであった。二・五キロの重さの辞書を携えて、九州と五島列島を巡る旅に出た。その途中上五島町の海辺に「ハリノメンド」というくぼみを見つけ、一瞬ポルトガル語ではないかと興奮したが、なんと「針の孔《めど》」とわかりがっかりした記憶がある。潮流により浸食された小さな洞窟のような場所であった。

結局、学習の目処《めど》は付かず、目鼻もつかず現地の人情視察となるも島々に立つ各教会は神々しくまぶしかったのである。

さらに筮《めどき》とは占いに用いる五十本の竹串である。目木《めぎ》とはものもらいという眼の病を癒す時にこの木で作った箸を使うと治るという風習（愛知）もある。飯《めし》の元は目にする、見ることから目で合図して**召**《め》しあがる食事へと変容した。和布刈《めかり》の神事は新年に行われる。

目や眼から始まる表現は、すこぶる多くおよそ百十八例もある。目、耳、鼻、口、皮膚の五感を司る第一位である。とりわけめずらしい用例では「目の正月」という良いモノを見て楽しむことで「目正月」とも。「目は空」とはほかのことに気を取られること。

この頃思い出すのは少年の頃の面子《めんこ》遊びや、目の上と下のまぶたに差して暇つぶしをしていた初夏に出る雑草の若茎をちぎった「メッパ」である。だて眼鏡のつもりだったのだろうか。

か

この音でまず思い出すのは、太陽の外縁で燃えるコロナのごとく**カ**ッと光った巨大な**輝**きである。次に**金**そしてお**か**あさん、さらに**神**である。従って「か」音は宇宙の神秘の全てを含んでいると言ってよいだろう。かぞとは、父のことの上代語である。

また、**書**くとは、**欠**く、**掻**く、**描**く、**刈**るなどと同音であり、世界を表現するための大きな手段である。セザンヌは「描《か》くということは、自然から受け取ったものを、自らの感覚に忠実に画面に再構成することだ」と。

そして**語**ることとは、まさしくこの辞典の要《かなめ》を表す語である。思いをコトバに乗せて表現する。この世界で感じたことを叫ぶ。表すことで自己を解放すること。カタルシス。「往け」。**刀**《かたな》という語彙の初出は古く、日本書紀の記載で五三三年である。当時からタチ（太刀）とも読まれ、共通点の音は「タ」であることから叩《たた》く、あるいはタタラという玉鋼《たまはがね》の関連が考えられる。従ってここでは神に仕える輝くほどに叩かれた刀（な）という方便にまかせることとする。「な」と「は」は同義である。当時刀は武器ではなく、和平を祈る宝物であった。語源的には片方に刃が付けてあるモノなのだろう。文芸の世界では、敲《たた》くは、推敲とか文章を練り上げる彫琢《ちょうたく》という言葉もある。三本の組み立ては強く、「**鼎**《かなえ》」とは三本足の鉄の釜。

人類は森羅万象の細部を様々な姿を以って書いたり描くことで、生存の意味を探し求めてきた。百三十八億年前のビッグバンを経て、暗黒時代を迎え、数億年かけて星が誕生し九十億年後に銀河が生まれ、今から四十五億年前に太陽系が誕生したわけである。

長き旅程を経て三百七十万年前に、ようやくエチオピアにおいてアハール原人は二本足で歩き始めた。結果、百八十万年前頃より動物の狩猟が始まったとされる。しかも、女子も狩りに参画した。最古と言われる三万年前の仏国のショーベ洞窟など各地で「岩絵」が盛んに描かれたのである。

しかしながら「神さま」ほど多義多用を持つ語句は少なく、現代人はその語感や語釈の広義に途惑うことが多い。神を具体的に目視することが可能である、外国とりわけキリスト教国や仏教国などは言うまでもない。日本各地にも見られるいわゆる神像のごとく、優美で偉大で厳粛な像は確かに安寧をもたらすだろう。

ただある種の安易な他力本願を醸したり、望まぬ信仰を押しつけられる不信感と疑惑を生むことになっているのも事実である。たった一人のキリストにすがる西欧の人々と、八百万の神々の一員である分御魂《わけみたま》と考える日本人とは明らかに異なる宗教観である。

何かに覆われていて見えない、その存在すらわからぬ宇宙の神秘にあふれている風姿全体あるいはその凝結を表す語と考えた方が気楽である。だから「神の前で神と共に神なしで生きる」ことが望ましい。ちなみに日本の神道の八百万の神々とは、森羅万象に神々が宿っているという、自然崇拝であることに重要な意味を持っている。

上より流れてくる、うす**紙**で包まれているわずかな**髪**のような物だけが靡《たなび》いている。第六感でしか気づかない恐れ戦《おのの》く、畏れ多い風神と考えれば「風の又三郎」の降神は理解も安く、その森の下の小川では**河**童や**鰍**《かじか》が遊んでいる風景と共に怖さと懐かしさを想起させるのである。

「**川**が秘めている聞こえない音楽を聞いていると、生まれる前から死んだ後までの私が自分を忘れながら今の私を見つめていると思う」ことは、何と慄然《りつぜん》とする想像力だろう。

編者の心願は、一字一字に言魂を有する我が国の原音すなわち「一音一義説」について、常に熱く厚いこだわりを持ち続けることである。

身体の五感（目、耳、鼻、口、皮膚）の入口が外界との最初の接触者だろう。とりわけ口を突破口にして「コトノハ」が発せられるのである。その発生の瞬間に第六感が出御するわけである。ちなみに祝詞の「掛けまくも」とは、心にかけて霊威に対する畏敬を表している。

その日、波打ち際で見た夕日は（視覚）美しく、潮騒の波音（聴覚）を聞いているだけで心地よく、あたりは淡い海の香り（臭覚）で満たされ、少しあがった丘にある料理店で山海の珍味（味覚）をいただき、二人は手をつなぎ（触覚）帰路についた。

このようにして、視覚から始まり皮膚を重ねるまでの「仕合わせ」に至るまでの過程が愛を育てる極意である。通信機器に依存することは自殺行為に近く、「コトバ」を発するまでに興奮がないことは味気ない。第六感が出御されて初めて「言の葉」が発せられ、すでに心は「ビビィ」と音を立てているのである。自宅に戻った二人は茶を立てて、「ああ、おいしいネ」と改めて今のしあわせをかみしめた。まだ、海の風合瀬《かそせ》が聞こえる。大和ことばで風のこと。

「三密」とは仏教用語で身・口・意の三位一体を表し、宇宙との関わりを知覚する方策である。ちなみに宇宙との対話を実現出来るのは書と能と弓である。

クリムトの絵のような脳細胞と人体回線をめぐる人間の血管の長さは十キロにも及ぶ。その内部は、二万種の遺伝子と三十七兆の細胞で満ちている。精子の染色体は四十六、卵子も同数持っている。外界の音魂と接触した時の発生時にこそ、初めて各臓器と各々の部署に伝播されて初めて触手たちの稼動が開始されるのである。だから心のありかは、五体全てにあると言える。

賭けごとは、中毒なればやめられない。心を振るわせる心の**痂**《かさぶた》か。心が**歌**《か》舞《ぶ》く行ないであろう。若冲にとりなぜ**蕪**《カブラ》が野菜の王さまなのか。人生総体が実は体を張ったスロットマシーンなのか。

否、勝ち負けに関係なく、軒下に**掛**けた渋柿が壁を色どる冬を迎え〝**か**まくら〟の中で食べるのを楽しみに待つことだ。甘口の酒も添えて。この時だけは未成年でも戴くことは出来るのである。それにしても人は時に「**カ**ッ」となったり、**髪**をかき上げたり、煎餅を**か**じったり、**隠**れたふりをしたり、また、幼き日の思い出を**醸**しだす**カ**タバミ草を見つけ思わず**駆**け寄った。「はかない人生」（ファリヤ）の**カ**スタネット。

うす暗がりのなかで見る夢は、ぼんやりとした風景のみが映り、**顔**のない人間たちに取り囲まれ、また、何もかもが膨れあがったジョージア・オキーフの絵のごとく、捉えようのない圧迫感に襲われる序破急の刻である。何の**香**りもしない薄墨色の世界である。

夢の記述を試みようにも突然の寝覚めで霧と靄《もや》のなかにありよく見えず、**影**のみが残るのである。宙に浮く我が身を鏡にうつせば、それが神の分身であり、だから神は少しだけ**翳**《かじ》るだけでよいのである。

上代、影はそれを生む光本体をも意味していたのは興味深く、**陽**炎《かげろう》という言葉に残っている。ここで「か」の本質を考えると、「神」への連絡が可能になるからである。鏡、風、輝き、陽光《かぎろひ》とは明け方の光、あるいは立ち昇る春の水蒸気。そして**カ**ムイ。隠る、上、隠身《かくりみ》、タミール語のカンなども参考になるだろう。

浜辺に横たわる**貝**を拾ったり動かすだけでも、そのあたりの風景というよりも世界そのものを傷つけることになるかもしれない。少なくともある種の崩壊が始まる。

貝は管楽器に似ているとは、谷内六郎の述懐であるが、ならば奏でる器が失われて忘れ潮にでも残されたらなおさらである。そこに巻き貝が存在しているのは絶対的な理由がある。宇宙と人間との絶妙な均衡のなかにあるからだ。

しかし、稀に万葉集でも詠われているように小石を持ち帰り「恋」の予感を支えたこともあるようだ。川岸の小石も山道の花も決して手にしてはならない。なぜなら自分の力ではどうにもならず、上流からいくたの流れの果てに、あるいは風や鳥たちの力を借りて、運命的にその場所にいるのだから。かわいそうではないか。

石は形を変えたり小さくなったりその度ごとに生きる場所も移り、翻弄《ほんろう》され続け、花も枯れて埋もれて一年待たねば咲けないのだから無礼である。**考**えてほしい事件である。

見渡せば**春**日の野辺に**霞**立ち
　咲きにほへるは桜花かも（万葉集）

形見受け**門**で送れば**鳥**鳴き
哀《かな》しくもあれ**悲**しくもあれ（H・K）

蜩《ひぐらし》は**悲**しく聴こゆ**カ**ナカナと
金山の杜　なおも**奏**でり（H・K）

う

この言魂の領域は、**呻**《うめ》いたり**唸**《うな》ったりという**内**なる思いなどを外界に押し出す行為である。また**失**うことの落胆や**恨**みを晴らすともなれば、心の内の**膿**《うみ》を吐き出す負の心境で充満している。

自然界においても生き物たちが**う**じゃうじゃと群れている状は、一種の飽和から来る不快を感じる風景である。**虚**《うろ》とは、朽木《くちき》に出来た鳥たちのすみかである。**漆**《うるし》という樹液もある。魚の**鱗**にしても密集して出来た身を守るモノ。また、**雨**露《うろ》とは雨と露のことで、付いているその場所から離れることを「雨露離《うろり》」と言う。「**ウ**ニ」を初めて食べた人は怖くはなかったか。

さらに、鳴戸の**渦**潮ともなればもはや波瀾に富んだ乱声《らんじょう》であり、海流が入り交じる場所から大きな**う**ねりが発生するのである。

そして**海**と言えばちなみにシアノバクテリアは三十六億年前に海が**熟**むことで誕生した最初の生物である。海が生まれて六億年後に津々**浦**々で生まれたわけである。

今、猛威を振るう**ウ**イルスという遺伝子はおよそ三十五億年前から**う**ろつき始め、一億六千万年前に哺乳類が胎盤を得た時からヒトに寄生したわけである。実は百兆個の異物を有するこの異端者に対抗しながら人類は進化を遂げてきた。もちろん多くの犠牲を払い悲しみも深い。凶器を持たされる人類は、コトバを得ることで「野」を失い、闇（夜）を避けて明るさと情報を得た。暴走する人類は恐竜の絶滅を忘れたのか。

だから今は決して**う**ろたえることなく、〝**う**がい〟の作法として長良川の**鵜**《う》が鮎を吐き出す要領で菌を出せば口内が**潤**《うるお》うと。あるいは二億年前から生息する**鰻**《うなぎ》に聞けば、さらに深い謎がわかるかもしれない。**埋**《う》もれかかった深海に棲む「偕老同穴《かいろうどうけつ》」の**蠢**《うごめき》。

現代人は様々な情報手段や病原体があふれるなか、「取扱注意」が増えて生活全体が**倦**《う》

んでいることに間違いなく、便利と同時に多くの弊害を甘受することになったのである。桃太郎の敵である「温羅《うら》」という鬼もいた。「うつぼ」は、口内にもう一つの口を持つ。

　何も優れた機器全てを否定するわけではなく、「コトバ」と同様半分は危険を背負っているということだ。しかも嘘《うそ》で渦巻く世界である。「C・M」も「M・C」も。うとうとしていれば幽界に誘われてしまうかもしれぬ。これだけ疫病がまんえんすれば、もはや人類はウイルスそのものになってしまったか。研究者らによれば、ウイルスは海の生態系や水循環にも深く関わっているという。白潮、赤潮の発生や雲の形成から証明されたと。生物の細胞に新しい遺伝子をもたらすことから、一つの生命体とも考えられると。ただならぬ恐ろしい物質であることに違いはないが宿命なのか。共走と同化。

　ある日、不本意にもイヤな噂が流され、思わず蹲《うずくま》り体も疼《うず》き心を埋めたくなるも、それが悪質な嘘と気づいても心乱し憂さをはらすこともせず大事なモノは失せずに済んだのは幸運であった。うしろめたいことは何もないのだ。どうしてもストレスでうっ積するこの現世では空蝉《うつせみ》のごとくに生きるしかないのか。

　人間のスコアを表示するアリババなどのAIは、そのデータ至上主義のおごりで人間を飲み込むだろう。汎用AIは、知能を爆発させたスーパーインテリジェンスである。人間の脳みそが大きくなりすぎた。結果、おそらく自滅へと向かうだろう。ただし使い方次第であり、今は分水嶺すなわち智と情の岐路に立たされている。戦争は人類の本能なのか。

科学者は社会に何をもたらすかについて無関心なのである。

ＡＩによる俳句や短歌は、血が流れるような実感にとぼしく、人間のつたなさや多様な解釈が得られない優等生の見本である。あるいは、「コトバ」を記録した教科書である。「一人称　あまり使わぬ　日本語に　君の心を　隠しているか」に対し、サラダ記念日の歌人は七・七に「われを意味する　言の葉多し」と詠う。隠すつもりはなく、大和ことばの深淵についての素直な感嘆であり、謙譲と畏怖とコトダマの豊饒を語っている。「人間はどこから来て、何者であり、どこに行こうとしているのか」。さあ、スマホを一端脇に置いて散歩に出かけマインドフルネル（瞑想）はいかが。**初**《うぶ》な自己に還ろう。

では**美**しいとは何事か。例えば年に一度見られる自然の風景などの色や形や音などがまず想いつく。また建造物や衣装など限りなく、とりわけ料理（色彩、味、風土、格式）に見る世界は自然と作法との結晶である。何も東大寺の四十八献の結解《けっけ》料理と言わないまでも。どのような**宴**《うたげ》だったのだろう。租庸調を納めた各地の名主《なぬし》たちへの接待が起源とされる。

次に古語の美はしとは如何。語源的には万葉集にもあるように潤うからの転語であろう。東南アジア諸国からは、**裏**から奥にあるもので、人の目には見えない心の内であると。ドイツ語などでは源泉とか根源であると。古典から読み取れる「う」の世界は、隠れているモノがかなりの時を経てようやく表に出る場合である。うらや裏は、心の内のことで、**占**

いとの関わりもある。

先祖供養のお盆は、正月に対する裏の行事で起源は古く六〇六年。**盂**蘭盆《うらぼん》のこと。「ウラ」は梵語《ぼんご》で、地獄の苦しみを解く意で元はギリシャ語とも。

普段から技量を鍛え試練を重ねてきた人の所作や立ち居振る舞いなどにも見ることが出来る。しかしいわゆる歌舞音曲に関わる職業人たちが培ってきた姿態ではない。古都の市井で偶然見受けられるしぐさ、とりわけ足の運びなどである。どちらにしても美意延年《びいえんねん》を半ば意識しているはずである。美しい心持ちが、自然と歳が伸びて生き延びるのである。そのためには、日々の鍛錬を必要とする。

しかしながら人間は時に思わぬ智恵を発揮することもある。その年の稔《みの》りの吉凶を甲羅で**占**うことを発見したり、新たな場所に御霊《みたま》を**遷**すことで伝承の再現を**図**り、人心を蘇らせようともしたわけである。また、境遇から来る現世の**憂**いを打ち破る方便として「**浮**き世」と言い換えることで、自らを浮き草に譬えた軽妙な表現を得たのであろう。古今和歌集では憂世《うよ》と詠んでいる。

そしてついには、こうした苦渋に満ちた精神世界と思える心根は次のふたつの語彙により解放され、人間を復活させる大きな成果に出会うことになる。そもそも、「**宇**佐」とは幸が生まれる場所であり、九州・宇佐八幡宮がある。

一つは、**産**土《うぶすな》や産声《うぶごえ》であり、生まれ出る命の尊厳を表す歓喜の言葉である。もう一つは、

歌であり唄うとは人の喜怒哀楽のこもごもを**訴**えることで、内心を発散させ心を鎮める効果をもたらし、人生を謳歌する行為である。一説には「**ウ**タタ」という憑霊現象とも考えられ、アイヌ語で「**ウ**ポポイ」とは唄うという意味である。ウタリとは同胞のこと。沖縄首里城の近くに点在する「**う**たき」は万霊が宿る聖地である。

牛に塩　**馬**は干し草　いずれとも　鼻息荒く　田を耕しけり
幼き日　**兎**追いしかの山　餅搗く月の　影も美わし（H・K）

「ウタ」は、信仰や宗教の世界では、念仏、御詠歌、声明《しょうみょう》や讃美歌などがある。他にも能楽の謡《うたい》や和歌のように長く延ばす詠方がある。一字一言のコトダマを永く伸ばすことにより、この世にとどめておきたいという心願である。

相撲の世界では、結びの一番をさばく第四十一代立行司《たてぎょうじ》式守伊之助の呼び出しの「お」と「ほ」の発声は聞きほれるほどである。また、ある宮司の祝詞は、謡曲そのものの響きと音魂が感じられた。

また、神輿を地面に落とす前に唄う「神歌」（木曽福島）では、「御神輿　我が身を橋に打ち掛けて　しんとろとろとせ　惣助・幸助、惣助・幸助」がある。この歌はゆっくりとおよそ六十秒をかけて唄われ、末尾の「とろ　とせ」は「とろおとせ」と考えられる。ソウスケ、コウスケを二度繰り返された直後に、総勢十八名ほどのかつぎ手はいっきに肩をぬくわけである。

お

かつての登山仲間との久方の**逢**瀬を楽しみに秋の草花をながめつつ、その日は**尾**瀬の山小屋に泊まることになっていた。水が生まれる生《お》う瀬である。その日の宵、囲炉裏端の**熾**《おき》のはじく**音**を聞きながら、友の故郷である能登の御陣乗太鼓の話を聞いた。

昔々その村では**奥**の山あいの谷深い所からやってきたと思われる**鬼**のような得体の知れぬ生き物を迎え入れ、その**面**《おもて》を作り、海からの強敵に対抗し威嚇するために一晩中踊り太鼓を打ち鳴らしたと言うのである。村の**長**《おさ》たちのその作戦で、草履の鼻**緒**も切れるほどの狂気の中で敵を退散させたのだと。

朝になると夜中にあれだけ騒いでいた**尾**白鷲はいつの間にかどこかに飛び去ったと言う。今や民族芸能として伝えられているこの太鼓には鬼のほかにもう一つの面が登場する。人の**面**影を残している〝泣き女〟という能面である。だから起源は室町時代ではないか。まさしくこの女こそが、人と鬼とを取り持つ仲人である。

ここで「う」から「お」への短い旅を考えることにしよう。裏から**表**へ、怨みから鬼へ、呻きから音へ、項《うなじ》から尾へ、産むから緒へなどが考えられる。これらの中でも「鬼」のことを考えると、あまりにも多くの場面で登場するだけに解釈は困難を極める。

さて能「金輪《かなわ》」においても夫が依頼した陰陽師は鬼（魍魎《もうりょう》）を退散させるも、妻は男への不実の怨みは残り、解決には至らなかったのであった。被害者とも加害者とも、生き霊とも死に神とも人か神かわからぬことが多い。

ただこの世では鬼を全く排除するわけにはいかないという意味で要所の位置を占めていると考えるしかないのである。

鬼は疫病を流行らせ人に害をもたらす存在として扱われ恐れられてきた。つまり災難の元凶として鬼はかつぎ出されたわけである。鬼の古字は「鬼」であり、本来ツノはない。よく鬼門というがウシトラの方位（東北）から鬼が入ってくるという習俗に定着した。人間世界から見た疎外者として扱われたむしろ犠牲者である。歌人・小見山輝は、「鬼の声する時を経て鳥の声、風の声、まれに人の声する」と詠んだ。

オニの〝ニ〟は丹《に》であり朱色、お天道さまが沈む西の色である。浄上。怒りの赤鬼はまた衆生を救う魔除けの仕事人である。すなわちあれだけ怖がられていた存在は逆にも作用するわけである。

地方によっては鬼という神ににんにくを供えたり、子供らの前に出て豆をぶつけられれば、時に目に涙も浮かべたり、そもそも昔から〝鬼ごっこ〟という遊びが続いてきたわけであり、鬼瓦もなぜあれほど造られて流行したのか。時代や場所により様々な役割を果たしてきた、いわばスーパーキャラなのである。

もはや被害者と加害者とが混在した自在の「薬師如来」である。最終的には人を救う神と仏のハーフである。奈良・天川村のある神社の社家は鬼の子孫であると言う。節分祭では「鬼は内」と唱える。また、ある神社の末社「牛社」に仕えた神主家の系譜を見ると酒《しゅ》呑《てん》童子とあり、それは鬼のことであった。

だから鬼とは神と人の中間に**生**《お》うる存在であり、**翁**《おきな》の正体であろう。翁が尉《じょう》となれば、そしてその**己**れの顔が少しでも歪めば鬼となるからだ。本稿はオニの語源や正体を解明する場ではなく、接近する程度の試みである。ただ〝ワニ〟のような恐ろしい動物の発音に近いという説もある。

さらに万葉集の時代、鬼をモノと読んでいたことは、もののあはれなりもののけを考えるのに一つのヒントになるかもしれない。そこに怨みを含む遺憾のオーラが発生する。鬼籍とは人が死して寺などで過去帳に記載されることだが、なぜ「鬼」なのか彼岸にも鬼は果たして棲んでいるのか。「あちこちにいる鬼たち」はすぐ隣にいるのだろう。人間の営みを送り、送られることだとすれば、また迎え、迎えられるとすれば、やはり神の降神と昇神に関わっていると考えられる。警蹕《けいひつ》の「オー」である。**諡**《おくりな》とは死後に送る称号である。

命を継ぐ親とのつながりである臍《へそ》の**緒**に力を込めながら「ウ**オ**ー」と叫び続けたのであ

る。その叫びは秋田の「なまはげ」などでも同様の**雄**叫《おたけ》びを聞く。従って「お」の世界は、大事なこと、大切な要《かなめ》、貴重なことを表しており、後には「**御**」という文字を使い様々な尊敬を示す言葉に採用されたわけである。御蚕《おかいこ》とは、稀少な糸を育む感謝の言魂である。嫗・媼《おうな》とは老女のことで、尊敬語である。また、我々人間にとり「**御**鳴《おな》ら」は重要であり、ガスが腸にたまったらどうなるか危険である。他に置所《おくど》とは竈《かまど》のこと。奥城《おくつき》とは墓《はか》のことである。小賀玉《おがたま》の木はふつう神社などに植えられる芳香木である。

帯がなければ心もとない。神迎えの警蹕《けいひつ》の**応**《オー》を発さなければ、神の動座と出御とその巡行はあり得ない。そして赤ちゃんは誕生の第一声でなぜ「**オ**ギャー」と泣くのだろう。この世に出現した感激と驚きなのだろうか。

また、ある動物園では、珍獣が檻《おり》から逃げだしてしまうと危険と判断し、腕のよい**男**たちにより、さらに**重**い材質で作り直した。**御**蔭でその後はその心配はなくなり、御子たちの人気者となった。

神道の世界で警蹕という語があり、神の出御と還御、すなわち降神と昇神の時の神迎えの時に「オー」と発声する神事である。これは神に「応」ずることであり、この「お」こそ「オ」の原点ではないだろうか。

終わり。

ゑ

P.129の「え」に集約する。

に

西とは日や月の沈む方位である。**煮**る、**匂**い、**賑**《にぎわ》い、**錦**《にしき》、**虹**などの言葉へと連想出来る。「し」とは東、嵐、つむじなどと同様に風のこと。とりわけ中国などでは西に沈み消えゆく死霊の還る所である。夜こそが万物が生まれる闇である。聖なる日月《にちげつ》の世界である。

かつて近世の頃まではこの国では、屋敷神（稲荷社など）はほとんど西向きに鎮座していた。例えば関東から見れば西とは都（京都・奈良・伊勢）に向いていたわけである。

太古、虹と蛇は同形のモノと考えられていたようで、古代人の発想の不思議と大胆さを思い知ることになる。沖縄では西はやはり日輪が入る所で、「西表島《イリオモテジマ》」という地名は有名である。

和・柔《にこ》しとは、やわらかくなごやかなこと。和稲《にこしね》は稲の実で米のこと。**庭**とは本来神を迎えて祀る広い場所であり斎庭《ゆ》などと呼ばれる。贄《にえ》とは神前に供える魚や鳥。いけにえ。鉳《にえ》とは日本刀の刃の表面に生まれる細かいあわつぶのような模様のこと。**に**わたずみとは、水たまりのこと。

新嘗祭《にいなめさい》とはその年の新米などを供える祭り。他に**荷**う、**握**る、**似**る、急《にわか》などがあり、どうも神饌《しんせん》とか霊魂の燃焼が感じられる。上手に出来たら、**に**んまりしたかはわからないけれど。それとも辛酸を嘗めたか。

さて上二段の「い」を元締めと考えれば、まさしく命の賜《たまもの》であり源泉と産物である。「き」の気、「し」の潮、「ち」の地、「に」の賑い、「ひ」の日と火、「み」の満ちる月のごとくに重大な位置を占めていることが理解できる。

籾《もみ》種が地に固まる「にごりすえ」、田に米と麦と芋を植えたあとは「にごりまつり」という直会《なおらい》が待っており、魚などをとり、**に**ごり酒もいただいたのだろうか（長崎県）。

世阿弥の「錦木《にしきぎ》」では生前の恋慕と死後の歓喜が演じられるが、昔の奥州での風習で男が女に会うためには、その女の家の戸口に錦木を立てるのである。千束に及ぶほどを二年間も通うがかなわなかったのである。錦鯉《にしきごい》と同じく、また五色の錦絵のごとく美しい女だったのだろう。家の中で女が織《お》る調布《たつくり》も同様に匂い立つほどであったという。昨年、鬼籍に入った北村武資翁の「経錦《たてにしき》」は、まさしく香り高い。

二月とはどんな月なのだろう。節分、立春、初午、紀元祭、祈年祭などすべて農耕の開始される季節である。

さ

坂の上と下とは何であろう。例えば神社の階段など多くはその坂を登ることになる。坂とは**境**いのことであり、神と人との境界のことで結界である。

音から言えば、「**サ**ァー」と「**サ**ッ」であり前者は風の音であり、後者は物を切り取る時の音である。サ行（さしすせそ）は全て風の音であり、切る音とは耕作の果てに収穫された物や道具を意味する。山の幸、海の幸など穀物《たなつもの》を表した言の葉である。

榊《さかき》という常緑樹は神と人との**境**に植えられた**栄**える木から名づけられ、**酒**も人界と神界とを取り持つ供物である。**魚**も神と人との境で生きる生物であり豊穣なる海の波が運んだ人類の先達である。

お供えによく**鯖**《さば》が使われるのは、**散**飯《さば》と同音であり、初穂米と並ぶ供物のひとつのことである。他にも里の幸を盛る**皿**なども「サ」の世界の一例である。**授**《さず》かりモノであり、山の神より熊をさずかり赤子もさずかりものと考えてきた。捌《さば》かれる魚たち、布を裂く、罪を裁《さば》かれた後に叫ぶも、やはり寂しい思いをした。晒し出された布と人格もある。時間を割《さ》いてあの人に会った。

さて、桜とは元々この「サ」の蔵であり、穀物《たなつもの》の花と実を授ける倉とみなし、稔りの秋の豊穣を祈る行為が花見の本来の意図であり、山桜を観ることでその年の種蒔きのタイミングを調査することであった。

皐月《さつき》は早苗月ともいい、五月雨のなかを早乙女たちが苗を植える光景こそが、何とも清々しく田植えをはじめ稲作を生産活動の中心に据えたわけである。

木花開耶姫《このはなさくやひめ》は命と死の起源を語る主人公で、各地の浅間神社の祭神である。禊《みそぎ》に深い因縁の神である。花が咲く時のエネルギーは、どれほどの分裂を必要とするか。それにしても、ささくれとは少しの傷なれども、その年の冬は意外に心にも傷を負うのはなぜか。

猿と侍《さむらい》はどうだろう。猿田彦の神の顔に似ているとか、人の前から去るとか色々説明はあるがわからない。侍は風を切って寒そうにしてひかえている。貴人に仕える人と言われてもすっきりしない。まさか刀をサッと振る人ならば理解は簡単だが、そうはいかない。殿に「さよなら」するのは、さぞやさみしかろうに。

上代、去るとはその場を去ってこちらにやって来るという意であり、元は山の神のことである。山王信仰の神社では社殿前に猿が祀られている。その動きは早く風を切るほどで、しかも智恵もあり、人の身代わりにもなる庚申《こうしん》信仰である。

新《さら》、更《さら》にする力を持つ。侍はさぶろうという動詞が変化した語で、行く、来るの謙譲語である。

り

「り」も訓読みはほとんどなく、敢えて言えば「**利する**」のみか。音では**力**、**陸**、**両**、**立**、**旅**、**領**、**梁**、**了**、**凜**、……。熟語では道**理**、森**林**、車**輪**、垂**離**、金**利**、恐**竜**、千**里**、などがある。

このコトダマについては「ら」の稿にて取り上げたので、これ以上の詳細については限界があり、飽くまでも「ラ行」の上二段として活用され続けているのである。むしろ外来語に登場することが多い。リアクション、リード、リゾート、リハーサル、リベート、リミット、リフレーン、リンク。リスペクト。

へ

「へ」の発音は両端の声帯を接触させ、そのはざまから出す無声摩擦音（h）と母音（he）を結合させると辞書にある。このように屁《へ》でもないような音出しに聞こえるが、実はへらへらと言っていられない危険をともなう時間帯ではないか。

一昨年鉄橋が大雨のために破壊された会津鉄道沿線に「塔の弟《へつり》」という名所があり、絶壁や川岸などの険阻《けんそ》な路のことである。おそらく太古の噴火などにより出現した景観であろう。

人の体内でも表に出なくとも、常に変動や異変はつきものである。人体の腸内でたまったガスが尻の縁《へり》より出現する屁《へ》は、下痢や便秘の解消の印であり、胃腸の術後のガスは危機を脱した証拠にもなる。音なしは多少の罪悪感が残るが、爆発音をともなうそれは爽快感があるではないか。

母体より現出した新しい命は、母との管の経糸である臍《へそ》で結ばれていて産声はあがる。動詞には隔《へだ》つ、**経**る、**歴**る、**減**る、**放**る、**譲**る、諂《へつら》うなどがある。また、篦《へら》とは竹や木や金属などを細長く平らに削り、先端を少し尖《とが》らせた道具である。なかでも東北地方では飯杓子《めしびゃくし》をさし、料理の配給力を持つ権力者のことで、篦増《へらま》しとは姉さん女房のことで、女房を「山の神」と呼んだのはこのことによる。

さて蛇を「へみ」と読んだのは古い形であり、水陸両棲であるへびはいたる所に出現する**辺**から辺へと自在に動き廻る生き物である。それ故に殻《から》から再生、蘇生することと併せて、呪霊と関係して神聖化されたのではないか。

縄文の時代より**瓮**《へ》とは土製の容器であり、そのあがりふちに蛇を巻いたのは、他の生き物からその土器のなかの産物を守るためであった。

戸喫《へっつい》の「へ」は竈《かまど》のことであり、同じかまどで煮炊きしたモノである。綣、綜麻《へそ》とは布に織る縦糸を短い管に巻きとったモノで、「和名鈔」には経糸を綜《す》べることとある。

蔕《へた》から篦鮒《へらぶな》へ、放るから蛇へ、屁から苐へ、縁から**へ**ドロ化したマグマの噴火口へ……。そう言えば土器などの土は火山の噴火からの置き土産であり、田畑の土壌をもたらし人の体内も常に爆発的な戦いを続けながら機能している。

それなのに屁のかっぱとか屁でもないとか、壁にぶつけた屁のごときとか言い切る癖は慎むべきだろう。言い出しっぺがいなければ議論も始まらないし、失敗こそが次の発展への糸口になるのだから屁放って後の尻すぼめを笑ってはいけない。ましてや**へ**なちょこなどとおちょくってもいけないのだ。

さて人類にとり生き延びる要《かなめ》となった発声、発語は果たして奇跡だったのか、あるいは予定通りの必然の結果だったのか。感化、同化、同体、共生、擬態も。神々はだから宇宙の総体は常に膨張と破壊を繰り返し、今や二度目の核戦争の目前にある。拡大と攪拌《かくはん》と拡張を突き進め、その深き欲望はどこまでも果てしなく、爆竹のごとく連鎖し続けるのである。

ホモ・サピエンスとは賢いヒトだと考えられてきたが、それ故に欲ばりで必要でなくともすでに満足出来る状態であっても、充満していてもさらに追い求め加速度を加え、とどまる所を知らずに疾走するのである。いつかその重さに耐えられず自滅することも知らずに。ここでもう一度、ビッグバンと恐竜絶滅を思い起こす時なのではないか。まさかこの強欲の根源は神々の教えに従ったとはいわせない。

今春、今から百三十六億年前に生まれた「エアレンデル（明けの明星）」をハッブル宇宙望遠鏡が撮影に成功した。太陽の五十倍の重量で百万倍の明るさを持つ星である。

地球誕生より三十五億年、この星をまだらにして屍を道端に放置してもよいのか。プロパガンダにだまされる知恵はどこで身に付けたか。五つの幼子は言う「Pu●●●もうこれ以上人を殺さないで」と。

さらにＮＡＳＡは、昨年の夏「宇宙の絶壁」を撮影した。二〇二一年聖夜に打ち上げられた宇宙望遠鏡「ジェイムス・ウェッブ」は、宇宙誕生より五年後に生まれた百三十三億年前の最初の星をとり巻く「銀河団（SMACS 0723）」の近赤外線画像である。カリーナ星雲とリング星雲。

て

「**手**」は仏像などで様々な型を見ることが出来る。かざす手、合掌の手、印を結ぶ手、蓮の花を持つ手、頬づえをする手、子を抱く手、薬壺を持つ手、果てはそれぞれの手に眼を持つ千手観音がある。ただし一休禅師の「手」は見えず、水仙の匂いがするのだろうか。一休宗純といえば、玄奘などにより漢約《かんやく》された「維摩経《ゆいまきょう》」の継承者である。二元から解放される方便の追求である。生と滅、貧と富、喜び悲しみ、過去と現在（涅槃《ねはん》と現世）……右派と左派も。編者が一休の戒名を「不二維摩《ふじゆいま》院空観菩薩居士」と識し、位牌も用意した。二極相対の対立を、二つは決してふたつではなく、ひとつであることを説いた人生であった。「一休さん」の有名なトンチも、このことと関係があるようだ。

寺という語は仏教伝来と共に伝えられたわけで外来語である。朝鮮語のチョルあるいはパーリ語のトヘラと各辞書には説明している。室町期以来の寺子屋はそれなりの役目を果たしたが、博打《ばくち》の寺銭には地獄を味わった者もいたに違いない。

「寺の隣に鬼が住む」とは、世の中は善悪の人が混じりあっていることだが、今や「寺には鬼が棲む」時代か。昨今は、株の運用に励む寺も増えている時代である。
代・価・直《て》とは代わりの働きをするもので、代償の意であり対価である。「た」自身が「て」とは対価であり、接頭語として用いる例として、たむけ、たなごころ、たぢからなどがある。また、手形はおよそ四十万年前の太古の人々が洞窟のなかで描いた絵の脇に置いたネガティブ・ハンドが初発であろう。

人類にとりその時代に生きた自己証明であり、レーゾンデートルであった。その頃より開始されたと考えられる狩猟は、その後各地に岩絵を描き出した。とりわけ二万〜四万年前の旧石器時代の祖は、洞窟内の暗がりの中で岩石の凹凸を利用し、黒炭とオーカーペンシルを用い生きた痕跡を残している。

アフリカのドゥワリドゥ族はラクダを描き、それは後に記号へと変質・発展したと考えられる。ドイツでは三万年前のハゲワシの骨を利用した笛が発見された。オーストラリアでも同時期のものでX線絵画を思わせる壁画が発見された。

さらに昨春四万五千五百年前と考えられるイノシシのきわめてリアルな壁画が発見された。インドネシアはスラウェシ島・ブギス村のそれは四頭が争う構図であり、その毛並の荒々しさは決して今日の作画に劣るものではなかったのである。とりわけ、たった一人の天才と思われる一万五千年前にアルタミラで描かれた野牛四頭の天井画こそ、祈りの対象であったと思われる。

さて負の代表は「衒《てら》う」であろう。人を惑わすための行為である。ここにもコトダマの両用がよくわかる。至福な・便利な・善なる手と、邪《よこしま》な・悪意に充ちた・汚れた手である。人類は常に悪に身を置いたり汚れることから逃げられない存在である。

時には善と悪の区別がつかなくなる。正義は相方にあるのだろう。

でも「死んだ人々の残したもの」は何もなかったではないか。萎れた花とねじれた脚とゆがんだ地球。殺戮を選ぶのか捕虜を覚悟するのか。諸君も家庭や学校生活の中で級友や教師や学校に対してスルーするのか、コントルするのかウェイティングするのか、今後の人生に大きな影響を及ぼすことは自明である。サイレントは悪である。だからせめて日記を付けよう。

手習い、手直し、お手並み、手馴らし、手慰み、手柄、手落ち、……これらは全て技術習慣のプロセスである。手塩にかけるとは自ら面倒を見て大事に育てることである。

また、**照**らすとは光あるモノが照り輝くさまのことだが、人類は時に照らされることなく送る日々もあった。その光が当たり初めて姿を現すことでもある。しかし闇でしか見えぬモノもあり、その暗がりとしじまのなかで記憶を頼りに芸術が発展したことは周知の通りである。岩絵と音楽（洞窟）のコラボ。

ある日人類は直立し、前足二本は自由となり手として使えるようになった。様々なモノを掴《つか》むようになり、握ることや叩くことも可能となったのである。「扌（てへん）」の筆頭は「才《さい》」であり、何ごとをも成し遂げる能力であり、〝てへん〟は四百六十一種ある。

とりわけ人類がコトバを発する以前の手話は口《くち》に代わる伝達の手段であり、現在なお不自由な人らにとって有効な思いの表現の手だてである。ハワイのフラなど踊りの分野では、手の動きは宇宙のすべてを表現している。音楽でも各々の楽器を取り扱う大事な道具である。

弦を押さえたり、つまびいたり、鼓《つつみ》を打ったり、緩急と強弱と間隔を描《お》き叩かれるピアノから出る音を駆使すれば宇宙の色とカタチ（絵画）をも表現することが出来る。

手垢《てあか》というコトバがあるが、使い慣らしたその人の人生の歴史を感じるわけで、汚れとはそういうモノなのだろう。本のことを「手の中で始まるドラマ」と言った装丁家がいた。

さらに弓道では、左手の弓と右手の矢という異なるモノが解けゆくことで、宇宙を引き寄せ呼び込む作法があり、今ここにあることの不思議のなかで不在をも感じとる瞬間を得ることになる。ひふみ……と指を折って数えたり、こぶしの石、ひらく紙、二本指のハサミという「じゃんけん」という遊びもある。ダンゴやまんじゅうを作る時の両の手はいかにも忙しくなる。

問題は「ごはん」をいただく作法である。飯を盛った椀の底を上位の手である左手で持ち上げ、汚してても動かしてもよい下位の右手で箸を持つ。その時上の箸は中指と人差し指と親指の三本で三角形をつくり、上の箸だけを動かし、下の箸は薬指の上に乗せ固定させる。中指と親指の角度は、四十五度ほどが望ましい。そうすれば先端の細い部分は揃い、魚の骨を取ったり、うす造りの刺身も、ひじき一本も米粒ひとつも無駄にすることはない。ただフグの場合は五枚ほどを一気にはさむ必要があるだろう。もちろんレフティの人は逆になるわけである。指だけで食べる人々も、この三本を用いる。

　不思議なことに昨今の日本人は、この緊張きわまる作法を九割以上の人が断念し、むしろ全く使いこなせないために教えられた外国人の方が上手に使っていることは興味深いことである。ましてや、三十センチの菜箸でおでんを扱うことは悲劇だろう。

　実はこの作法は一本しか持たないペンや筆を持つ時につくるトライアングルと相似している。これまでに見た最も美しい箸の持ち手は、食文化の豊富な風土に育った女優黒木メイサであった。親指を立てるのは、箸を落とさないためなのである。

　手から始まる用例はおよそ八十六に及ぶ。いかに人類にとり手と足が重要な部位であり、その二つが脳に直結しているかがわかる。面白い例文に「手を翻《ひるがえ》せば雲となり、手を覆《くつがえ》せば雨となる」とは、人と交情はたやすく変化することであると。「手の舞　足の踏む場を知らず」とは、よろこびのあまり思わず踊り出すことである。

手長エビ　胴より長き　七寸は
さがり花には　近づかず（H・K）

朝日が昇れば散りゆくさだめである。

の

原始**の**人らの「の」の発声は、いかなる思いであったか。目前の風景や前に広がる状態は元より、何モノかを手を添えて指し示したかもしれない。〝こ〟に「の」を付けるだけで共有しながら次の行動をうながすことが出来たはずである。ただし対象の形や姿は常に変質し、追いつかないほどである。いかなる単語とも結びつき、その速さは目を見張るほどである。

春先に見かける「**ノ**ラボー」という野菜があり、見る見るうちに**伸**びて、やがて花も咲かす。**野**蒜《のびる》もいつのまにか成長して酢みそにすれば最適である。**軒**下《のきした》の縁側で一献《いっこん》交わせば長閑《のどか》なひとときであり、**の**ぞむ境地である。春の**野**風に吹かれ**野**放しとなった**野**火は止めようもなくおさまりを知らず、そのまま**野**辺の送りになるとも限らない。人は、何に**乗**って来たのか。

次に幼子らは神仏のことをなぜ「**の**のさま」と言うのか。「神の」「仏の」であり、難しいことを全くわからないのでかまわず「の」で済ませたか。また、かつての「**の**し餅」は五十×八十センチの大きさで、海の幸が付着した**海**苔《のり》を巻けば磯辺巻きである。神仏に導かれて仏師らが持つ**鑿**《のみ》の力は計りしらず、やがて尊顔が出現することになる。

　居酒屋などに下がる縄**暖**簾《なわのれん》という結界をくぐる酔客らにとっては、深い欲望がうずまく世界の入口である。そうであれば、もう**野**放図の境地でありサケが遡上する時の「**の**っこむ」ほどのいきおいである。あげくに心の**烽**火《のろし》を挙げ店先の**幟**旗《のぼりばた》をかつぎ出すなどの狼《ろう》藉《ぜき》が始まるのである。**喉**仏《のどぼとけ》はすでに赤く腫れあがり、上司を**呪**うような言葉は謹むところだが、やめられない。飲み過ぎは健康を害するのでそうそうにして家路に就くべきであろう。

　酔いがすっかりさめたら今後の安全を祈り、神に**宣**るためにもゆっくりとひふみ祝詞を唱えよう。そうすれば神慮が乗り移り、**ノ**ロの支援も受け神々が**詔**《のたも》うコトダマに出会い、**の**っぺらぼうかもしれないが神々の世界に**逃**《の》がれることが出来る。さらに未練がましく何かを遺《のこ》すこともなく神人の境をただよえばよいのだ。天国も地獄もこの世にある。

　実は「の」のコトダマは、「な行」五段の全てで考えるとわかりやすい。地震（ない）、逃《に》げる、のま、のちとは沼《ぬま》地のこと、ねは人地である。文の「法《のり》」は英米語のofにあたり、所有格の代表である。

　ひふみ祝詞では末から九番目であるが、これがないと何も表現出来ないような気もする。時に会話中に適格な言葉が出ないで思わず「あのー」とか「そのー」とか「このー」などと忘れて出てこないコトバをそれらで代用することがある。

便利な単語であり、ことによれば「こ」と「ば」であり、その葉の色や形や厚みが不明なので「**虚**《こ》」and「葉《ば》」だとしたら、「こ」には日本語の便利や絶妙や自由を感じる瞬間ではないだろうか。それらの特性は我が国で上代から続く文学作品に色濃く反映されていることは言うまでもない。世界のなかでも断トツ白眉《はくび》である。

「の」にはどうも伸びる広がりとかいきおいという風景と、それらを表す口先の動きに集約されることから天才である。

ま

長野、木曽地方が梅雨明けの頃、木曽福島の町は「神輿**ま**くり」というお**ま**つりで一晩中活気にあふれる。

祭りとは宇宙の**真**ん中を釣りあげるほどの均衡状態を保つことであり、宇宙との一体感を得る作法である。多くの祭りがそうであるように供物だけでなく人々も神々に**奉**られるのである。一年間を**待**ち続けた奉仕なのである。

神輿という神の乗り物を地面にたたき落としたり転がしたりして神慮との真剣勝負に挑

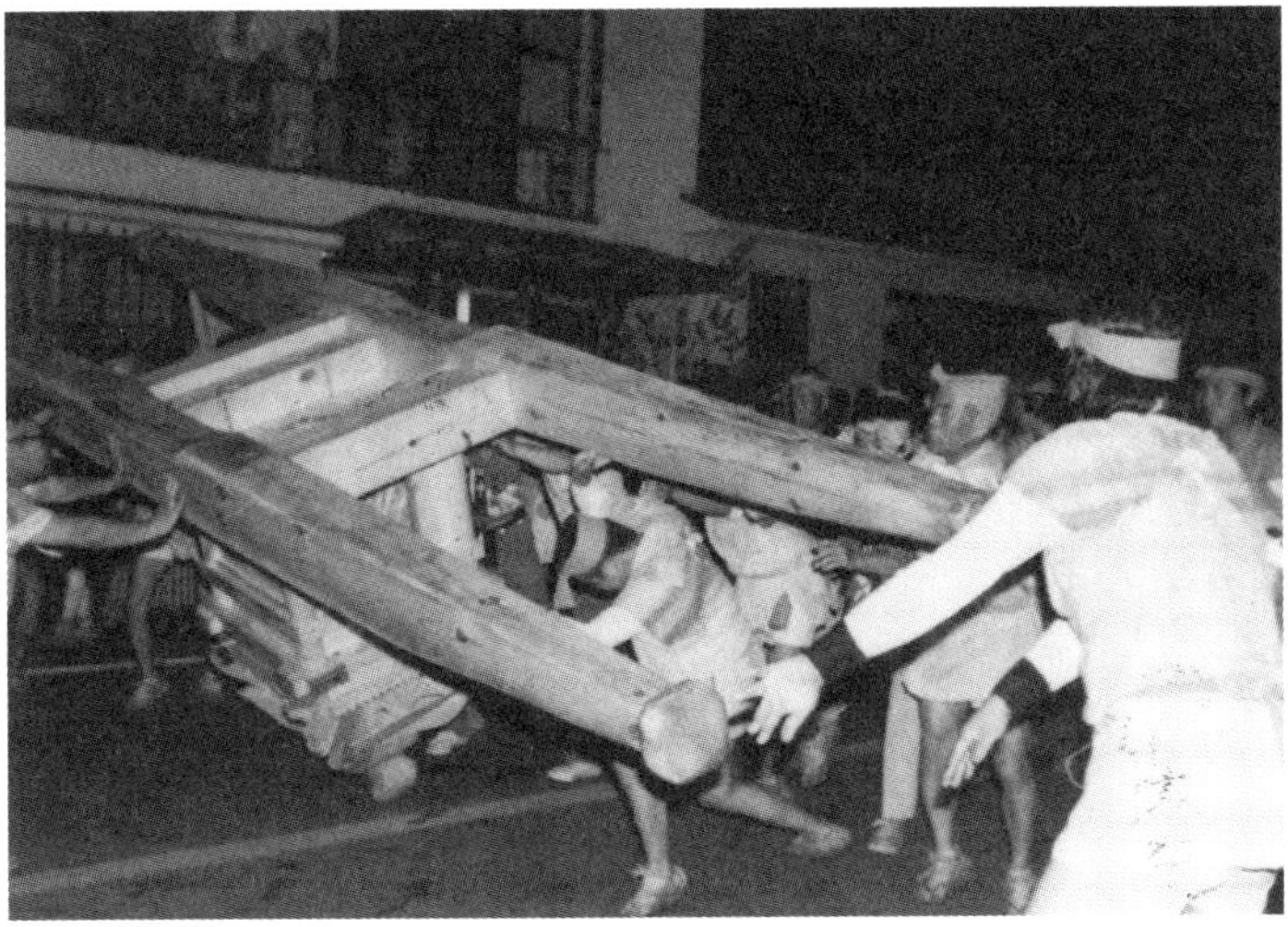

木曽福島みこしまくり

み、果てには輿のしつらえは何も残らず深更に宮入りとなる。台座の中央に鎮まるご神体はすでに晒と縄で覆い隠されている。

輿を担ぐ衆は枠持《わくも》ちと呼ばれるが各町を回る渡御の折に祝歌を唄いながら進行する。「伊勢に参りてこの子が出来た名をば伊勢松」という一節があり、そのどよめきは朴葉の緑で眩《まぶ》しい木曽の山々に響きわたり生きる喜びにあふれるのである。

慶びと言えば勾玉《マガタマ》のような赤子が誕生したばかりの家では、惣助と幸助といういわば立行司役に抱かれてその赤ちゃんは神輿の下をくぐり、神様のご加護を受けるという習慣があり、その時は輿は完全に停止するのである。

宵闇がせまればいよいよ神輿を一気に地面に落とすわけだが、これを通常〝休む〟

と言う。その**間**は緊張極まる**魔**の時間であるが、これは魂振りという魂をたたき揺することでむしろ〈たま〉の中に落ち着かせるという原理である。富士浅間神社の吉田の火祭りでも同様に二本の手ん棒をたたき落とす。

〝鎮〟はしずめるではなく〈ふる〉と読むことは地鎮でもわかるように土地をふり揺さぶり目ざめさせることである。神楽《かぐら》もはたきなどの道具をふり**ま**わし叩いて掃除をすることであり、床や地面に落ちた塵を集めるための準備行動である。

また、この地の神楽は天竜川沿いに伝わる神楽によく似ており、神職により奉仕される。「人間は神になれないが、神楽を舞うことで神さまに近づくことが出来る」と禰宜は述懐している。

昔、飛騨地方のある神社の火災からご神体を助けだして木曽地方に招き勧請した二人の若者の大工らの快挙であり、その故事にちなみ「まくり」という奇祭に残されている。でもこの地方に「**ま**たぎ」がいたかどうかはわからない。

さて、「ま」の発音は上と下の唇を摩擦することで一気に外に掃き出すことであって、祭りの多くが魔法にかかってしまう一種のトランスを生み出すことからしても、一瞬の出来事である。

また、祭りを個人に潜む邪念や煩悩を追い払うことで得る摩訶不思議な（カルト）世界だと解釈するならば、魔人との戦いといい換えてもよい。無論魔人とは人間自身をさしていることは言うまでもない。元々脆弱な部分を併せ持ち、時に魔が差して〈ウツ〉などを発症する人々もその波乱を打破し元に戻ることが出来るのである。**眩**《まぶ》しい世界に出会えば、君は救われる。

「ま」は、その緊迫感から種々の語彙を強調する接頭語や美称として使われている。

真心、**真**夏、**真**夜中、**真**北、**真**正直、**真**砂、**真**水、**真**帆など数知れず魔語がある。他に**眉**、**窓**、**眦**《まなじり》、**薪**、**孫**、**眼**、**檀**《まゆみ》、**円**……。

とりわけ呪いに欠かせない**巻**貝、**豆**、**纏**、**的**、**枕**、**斑**、**舞**姫、**繭**、**幻**、**曼**荼羅、そして**禍**事《まがごと》と**幕**と**蝮**《まむし》がある。忘れてはならないのは古代ブリトン人のストーンヘンジの**丸**い遺跡群である。この遺跡はおよそ五千年前頃二百キロもの遠くから運ばれた墓であり、復活を祈る場所である。とりわけ頭蓋骨は特別なあつかいを受けていたという。

それにしても、国内外ともこの「ま」から始まるファーストネームの人たちはなぜかくも有能にしてカリスマ性を濃く持ち、波乱万丈の人生を送るのか。

マリリン、マドンナ、マライヤ、マーラー、そしてマリア、釈迦の母堂マヤ、人道家マララ、**ま**さか外国語を少しは**学**んだと言っても、言葉遊びのごとき**真**似をしては**マ**ナー違反ではないか？　**マ**ネキン人形として固まるか**マ**ザーの反対にあっても**マ**ドロスとなって世界各地を巡るならば、言語の源流の旅をして遡ればその源泉を発見することが出来るかもしれない。しかし、**マ**フィアには関わってはならぬ。**参**ったとは言わせない。

人類の初発はこの惑星においては同時進行であり、短い生涯であってもどれほど危険であろうとも、大自然との苛酷な日々は発見に満ちた毎日であったはずである。蛍のごとく集団同時明滅の極意である。

ラテン系並びに東南アジア系に残る共通の発音を探し出すことである。言葉遊びに陥ることなく、語源とも連絡を取りつつ太古の息の緒を確かめなくてはならない。ビッグバンをはじめ月と地球の衝突などにより宇宙総体が**混**ざり合うことで、今日の絶妙な位置を創ったとすれば「星のかなたに主は必ず住み給う」と考えるのは自然な心象である。

さて、「マ」の本質は実はすでに研究者らにより、アジアや欧米語圏においても接頭語と併せて関心が集まる中心や焦点や集約だと解明済みである。マジックミラー、マインドフルネス、マネーロンダリングなど。他にも、マッハ、マントル、マンモス、マスコミ、マゾヒズム。

古代エジプトでも、太陽を最大の信仰対象として、人間をとり巻く動物や鳥や蛇などの八百万を崇拝した。とりわけ「死者の書」に出てくる怪物、アメミトとか宇宙の秩序を表す**マ**アトなど「ま」の実力は計り知れない。一億年前にアフリカ大陸と分かれた南米**マ**タアトランティカには、五百五十種のカエルとゴールデンライオンタマリンが生息している。我ら人類の祖である。

さらに仏語の**mal**は、悪とか病とか傷という意であり、ボードレールは「悪の花々」で悪とは神（人の運命）への反抗でありむしろ悪から美を抽出することであった。詩人にとり病める花とは、ものうい女や萎れゆく花々の薫りであった。

その男H・Kは、すでに枯れかけているかに見える平成十三年生まれのビリー・アイリッシュの「エア・パワー」や「ハピアー・ザン・エヴァー」の唄を聞きながら、若い時からのあこがれだった皺だらけになってもなお素敵なオードリー・ヘップバーンを思い浮かべている。さらに不覚にも好きになりかけてきた「藍にいな」の一枚のタブローを壁に掛けて「コロナの休日」を充分堪能している。この部屋ではマスクはしないで済む。

でも、半月前に一輪挿しに投げ入れた、これまでに見たこともないゴールドの曼殊沙華の黄緑色の茎と毛細血管のごとくに萎れ垂れ下がり、まるでドライ・フラワーのごとくになってやせ細った血管のごとくとなった花柳にしばし涙ぐんでいる。来し方を振り返りながらひたすら蘇生を待っている。枯れたアザミの花に水を差せば甦るように（イワン・ブーニン）。

山頂よりの雪解けの水や雨水が山を下り、山脈の水脈と地下水脈を経て裾野をうるおす。やがて海原という広大なる大海に山のあらゆる養分を胎んだ豊穣は、言魂の豊かさとリンクするのである。だから川は、水を含んだ地表の血管であり、岩や草や苔などを嘗《な》めながら万物を飲み込んでいく。さらに山の神のつぶやきとためいき、どよめき、夜のしじまさえも吸い込みやがて「わだつみ」のかなたへと出奔するのである。

言語は何万年も前からの人類共通の呟《つぶや》きであり、北欧ロシア、ヨーロッパ、アメリカ、南米、東南アジア、オーストラリア、ニュージーランドなど各地の原始言語はその原住民、先住民らが培ってきた言の葉である。アイアンロードやシルクロードなどを経てジパングに漂流してきた経由を考慮すれば、やがて「大和ことば」に漂着、融合、開花したと実感出来る。

ギリシャ語、アラビア語、トルコ語、グルジア語、ヘブライ語、ラテン語、カタルーニャ語、ヘブライ語、サンスクリット語、ビルマ語、ネパール語、カンボジア語、モンゴル語、タミル語、インドネシア語、マレー語、そして我が国のアイヌや沖縄の言語こそ源流を探し出すのに興味深い言魂であることは言うまでもない。縄文時代「コトバ」は大陸より沖縄に入り、アイヌの土地に北上したのか、あるいは南下したのか。海人が内陸に進んだのは片岩と黒曜石との出会いであり、いわゆる「縄文海進」といわれる。関東に残る「ハケ」とは水がしたたる所というアイヌ語である。

す

「す」の発音は風を送り出すようにして、わずかな息を吐きながら舌《した》を軽く下歯に接触させて出る音である。さ行は全て風の音である。微《かす》かで繊細で時に可憐でもあり、結果「**素**」に戻ることもある。モノとモノとの間に**す**きま風が入り込むことで生じることが多い。**澄**む、**透**かす、**梳**《す》く、**鋤**《す》くなどがある。藍《あい》染めの材料となる**蒅**《すくも》とは、藍の葉を乾燥させ蒸し返しを繰り返し醗酵させ、**漉**《す》くようにして作られる。

昨夜財布を**掏**《す》られて金をむざむざ**捨**てることになった。心のどこかに**隙**《すき》や**空**《す》きがあったのである。でも少額の被害で**済**みほっとした。

けれども別の日には朝から床屋で髭《ひげ》を**剃**《す》り、**相**撲見分のあと**素**適な**数**寄屋造りの**鮨**屋で、**炭**であぶった穴子と**簀**《すの》子《こ》にある**酢**の物をいただいた。**清**《すま》し汁はあわい**菫**色《すみれいろ》であったが、お品書きは薄**墨**で書かれていたのが印象的であった。**す**っきりした趣が魅力的である。

「スル」の漢字はその用例により刷、擦、摺、擂、磨などがあり、生活のなかでも多様で微妙な動作を表現していることがわかる。

次に「スサ」については荒《すさ》む風神と幸《さち》を招く風と両極端に分かれる。負が逆に命の蘇《よみがえ》りとなる。そもそも風が吹くという現象は、ひふみ祝詞で二番目の重要なコトダマである。そもそも、風に色はなく見えない世界である。

祭神、須佐之男命の「スサ」はシルクロード延長の諸国で君主、主権、至高、頂上などを意味することは研究者の論考で重厚な発表がされている。天照大神の弟である素戔嗚命の行動のなかにも**皇**《すめら》を感じられるわけである。**姿**は、荒男にして凶暴に見えても、その素顔は豊饒神の先達の尊顔である。

簾《すだれ》は夏の暑気を逃してくれる。蕎麦を啜《すす》る音がさらに涼々しく、山里の裾野を見ればすっきり秋晴れなり。なぜ蕎麦屋を「砂場《すなば》」と言うのだろう。牡牛座の昴《スバル》はなぜ六個なのだろう。何事もすんなり決まるとよいのに、スルメはどうして焼き過ぎてしまうのか。ストームはいつ消え去るのだろうか。ストローという鍾乳石。

奈良、天川神社拝殿の「鈴」。本居宣長の「鈴屋」の鈴は神を呼ぶ音がするというが、どんな音かいずれも一度は聴いてみたいものである。

近世、「古事記」に憑かれた宣長は「神ながらの道」を探した。しかしどこにもないことがわかり、どこにでもあることを追い求めたのである。

あ

〝あいうえお〟五十音のなかでトップの位置である。年表にも記したように、神代文字の「あわ歌」に、この「あいうえお」がすでに表現されており、平安時代に入り一般に使用されるようになったと思われる。アメージング。あっぱれ。

発音は五段活用の上一段のなかでも、最も口を大きく開ける。少しも舌と歯は接触せず

「は」よりもさらに大きく口を開ける。

原初のひらめき、宇宙発生時の根源から見れば、**天**、**雨**、**朝**、**穴**、**朱**、**赤**、**嵐**などがあり、人間の生活全般に及ぶ言魂群である。**足**、**頭**、**秋**、**暁**、**鮎**、**味**、**油**、**麻**、**葦**、**藍**《あい》、**小豆**、**畔**《あぜ》、**梓**、**飴**、**霰**《あられ》、**網**、**海女**《あま》、**鮑**《あわび》、他に**洗**う、**遊**ぶ、**誤**る、**危**ない、**当**たる、**操**る、**焦**る、**荒**い、**怪**しい、**煽**るなどがある。そして**徒**《あだ》と**仇**《あだ》。

ちなみに神社の前にある狛犬は、向かって右が「**阿**」であり、口は開いており歓迎の顔である。逆に向かって左は口を閉じて「吽《うん》」という言わば参拝固辞の顔つきであるのは興味深いことである。通常各家では、墨で一年の初めに、向かって右目に入れ、終わりに左目に入れる。しかし、まさか**ア**トム（原子爆弾）にみまわれるとは。

東《あずま》とは、朝日が昇り始める方位。**飛**鳥や**明**日香は生命が風を吹き込み入れる場所。潜っている**浅**蜊と**穴**子。**粟**《あわ》、**禾**《あわ》の呪力は、神の送迎に関わる。

和歌の世界では、枕詞《まくらことば》に**あ**かねさす（日、昼、紫）、**あ**きつしま（大和）、**あ**しひきの（山）、**あ**づさゆみ（引く、張る）、**あ**らたまの（年、月、春）、**あ**をによし（奈良）などがあり、自然に対する愛着を深く感じるのである。

大伴家持の歌に「**あ**ゆの風」が出てくるが、富山地方では〝あい〟とも呼ばれ春先に北西から来る風という意味である。海からめずらしいモノが打ち寄せることで、そこで見られる形や模様を綾《あや》と言う。

日本人にとり「あ」はまさしく驚きの表現であるが、ことによれば我々には不似合いな発音かもしれない。とりわけ東国以北などではあまり口を開かず会話する風土があり、天つ神への畏敬と遠慮があったのか。あるいは、寒さに耐える習慣かわからない。

ひふみ祝詞では最終行にあり、常在と慣習のなかで特出する必要がないほどにありがたい**阿**弥陀の**値**は計り知れないのである。しかし**あ**まりにも**あ**たりまえ過ぎて**敢**えて言うほどでないほどの「あ」群である。忘れかけている。**ア**イテムが多すぎるのである。感謝が大幅に不足している。「**あ**なた」と「**あ**した」。古代人らにとり、「あ」の発語は神霊との最初の対面に発出された祈りの「コトダマ」ではなかったか。しかし、アフリカから大和国に伝わる過程で弱体化したのではないか。

せ

風《かぜ》とはその地の四方神に仕える使者たちであり、それぞれの地に神意を行き渡らせる。**堰**《せき》を切ったように**狭**い所を**背**を向けながら、**迫**る勢いはこの**世**界をいっそう**急**《せ》かすことになる。

その一瞬を一匹の蝉《せみ》が見ていたのである。**精**一杯鳴く厳しくもまばゆいから食べてはいけない。**切**ない。蟬はミイラになることが出来る。

蟬時雨　この世とあの世　行き来して

永き根の国　暮らせしときよ（H・K）

瀬とは川の流れの浅い所であるが、狭と同根のため、せばめられたの意である。上代「兄《せ》」とは、女性から男性に対する親しみを持った呼び方。背はせなかであり、背向く、叛《そむ》くと変化する。

塞《せ》くとは妨げておしとどめることで、人の往来を止めて検問する所を**関**といい、水の流れをせき止める所を**堰**という。**狭**《せば》しとは山間の谷道などせまくて通りにくいこと。**迫**るとは相方が攻めてきて両者の間隔が狭くなることで、場所的にも時間的にも窮迫《きゅうはく》する意である。**責**むとはせまい所に迫りつめることだが、人を責めて叱ることもいう。また、**鬩**《せめ》ぐとは反目しあってせまい所で争うことで、せめぎあいなどと用いる。

さて蟬はその鳴き声から取った語という説があるも、蟬《せん》という音から派生してセミと点呼したかよくわからない。胸を振動させて鳴く姿は芭蕉の句をもってしてもはかなく、ひと夏の命を削るような声はなんとも尊く聞こえるのである。急《せ》くようにして短きこの世を満たされたものとする気迫が感じられる。

「鳥語」の研究は、この虫についての成果も待たれる。とりわけ飛び立つ時の声と放尿の関係、声を休む時は何を思っているのか。一本の木になぜ仲間が集うのか。彼らが一斉に鳴く時は話しているのか合唱しているのか。それとも念仏でも唱えているのか。

祖霊の仏様がセミに乗ってくるので盆にセミを捕ってはいけないという俗信は各地にあり、セミの前世は人であったとも。七日七夜鳴き尽くして去る運命であるが、蟹や海老と同じく脱皮して成長することから命の神秘を祈る再生と転生を象徴している。

かつて少年の頃、麦藁の先にセミの抜け殻の足をたして水遊びをした記憶があるが、資料によれば耳の治療に適していると。「ミーン、ミーン」「ジージー」。「耳（ミとジ）」はコトバ遊びなれど、蝉の起源は諸君らにお任せしたい。

さて、鳥語研究者によれば、小雀《こがら》が餌《えさ》を見つけると「ディディディ」と鳴く。すると四十雀や小雀がそれを合図にやってくるという。また、天敵を見つけると「ピーッピーッ」と鳴き仲間に知らせ防衛態勢に入ると。とりわけ、蛇の発見時は「ジャージャージャ」と鳴き叫ぶという。餌を求める時は「チリリリ」と、オスはそうすると「ツピツピ」と答える。京都大学白眉センター、鈴木俊貴博士による成果である。

先天的に脳に障りある青年は、森のなかで朝、鳥の鳴き声を聴き「音楽」に出会い、生活は一変した。鳥をおどかしたり籠に入れずに、杜に響く声こそ我ら人類に生きる勇気を与え続けている。コトダマの源ではないか。

え

古代人らにとり、この「**エ**ッ」という発声は大きな刺激を受けたり特別な配慮を必要としなかった発音ではなかったか。それこそため息なれば濡れたコトダマである。軽い驚きなりわずかな疑いを以って発せられる嘆息である。

何やら思い出しそうになっている状態でもある。あやふやなやるせない心境でもある。それでもわずかなのぞみをはらんだ小さな気づきの時でもある。

現代人は何かと大袈裟であり、発語者の意志を超えて、むしろ相方や周囲への過度な反応を生む。むしろその驚嘆の中身は不信と忖度の複雑骨折である。

また、「ええと……」となると、すぐには出てこない言葉などをしきりに思い出そうとしている時である。もどかしい時間帯である。今これからどのように話を進めるかという方法なり、果たしてそのことを今言ってもよいのかという逡巡もある。ただ「**エ**イッ」ともなれば気合いの一種なのだろうが、今後の行き先の結果についてはあまり考えず、とりあえず仮の決断をする言わば見切り発車あるいはフライングかもしれない。

心細くなっている自分に対して新たな魂を**餌**付かせることが出来るのか。心を**抉**《えぐ》られるような直前の迷いやどよめきのごとき人生がここに実在する。**え**へらえへらする余裕はないのだ。言わば人生の小さな入**江**にさしかかったあえぐ姿が目に浮かぶ。この道でよかったのか他の道を選ぶ余地なり可能性はないのか、正解はいつも**得**られないままだ。

さて「え」は下二段の一つでえ、け、せ、て、ね、へ、め、ゑ、れ……と続き、この群れには特別な神秘と**え**も言えぬ「重さ」を感じるのである。「ひふみ祝詞」の最終のコトダマは「け」であるが、終わり近くの「ほれけ」は延ばしつつ言い放つように発音するようにということわりが残されている。生涯の余韻と延命であろう。

「小**枝**のごとき細きモノにも、何らかの**気**配を感じ、川**瀬**のほとりにある**寺**の庭で、**葱**坊主をとり巻く**蛇**こそ、万物に**恵**みをもたらし、ほほ**ゑ**む顔に**霊**は降り立つ」

暦の世界では、陽星《ようぼし》すなわち、ひのえ、つちのえ、かのえ、みづのえ、きのえの「え」であり「兄《え》」である。反対に「弟《と》」は、ひのと、つちのと、かのと、みづのと、きのとと表記される陰星《かげぼし》である。なぜか生まれた年が陽星の人の方が活躍する人が多いのは確かなようである。兄が弟より上位のためか。

上《うえ》の〝う〟を省いてただ「え」と発音することもあり、波《なみ》ノ《の》上《え》などがある。役《えたち》とは戦争や公役にあたること。疫《えやみ》とは悪質な流行病。

襟のない衣装は何と締まらぬ、けじめのない、ぶっきらぼうなことよ。**絵**にかいた餅でもいつかは食えるだろうが、バンクシーは寂しすぎる。そろそろ本人の**描**く姿を見たいものである。きっと**笑**顔ではないのだろう。

ほ

山あいのその**細**道を行くとひっそり小さな**祠**《ほこら》があり、それを左へ行くとぼんやり見える篝火の**焔**《ほのお》がまるで**箒**《ほうき》の先のように燃えている。入口には**ほ**おずき（鬼灯）が咲いていた。今宵の宿である。

夜空には、またたく**星**明かり、海のかなたには**帆**船がゆっくり南下している。この棚田には**蛍**が舞い遊び稲**穂**が月夜に照らされて**仄**《ほの》かに光っている。夕餉には**海**《ほ》鞘《や》が添えられ、**ほ**っそりしたその人はまるで半顔微笑の**仏**のごとく**微**笑みもするが、その**頬**骨を伝う涙はなぜなのかわからない。**迸**《ほとばし》り、ほだされる気分はもちろんだが、**埃**《ほこり》ひとつなきこの部屋では何も起こらなかったのである。

しかしその夜**幌**馬車で揺られながら道行きをする夢を見た。なぜかそれだけで**ほ**っとしたことを覚えている。まだ若い**ほ**のぼのとしたこの小さき旅は、この季節のみに**施**されたこの上地の景色にすっかり**惚**れてしまったようである。とりわけ**ほ**ろほろと鳴く山鳥の声が奇妙に記憶に残ったのである。

こうして「ほ」の世界は、その物質や身体などのいわば本体より少しはみ出している状態である。その風景に出会えればひかえめで小ぶりで目立つ存在ではないが、なぜかほっこりした気分にしてくれる。従ってほんの少しだけ生きる勇気を与えてくれる。ちなみに、蛍の初出は「日本書紀」であり、神の光として畏敬の対象として接していた。また、骨こそ最後の姿であり、別れの形である。この世に生きたあかしであり、これ以上腐ることはない。

実はこの風姿《ふうし》こそが大宇宙の正体を縮小した型である。そのかけらを発見出来るのは〈私〉が四十六億年前の星の一部、否一人なのだから。織姫（ベガ）と彦星（アルタイル）の恋物語はなお今も我らに生きる喜びを伝えて、七夕行事に琴の音（オルフェイス）を携え夏の大三角形デネブを支えながら天の川に輝いている。互いによびあっていた光の束を探す「炎《ほむら》」を灯して。

ヨーコは、ジョンを偲んでアイルランドに光の塔を建てる時に、その円形の土地を歩きながら近くにあった棒切れを振りながら、およそ三尺ごとにたたきながら「地鎮祭」をとり行った。ちなみに最古の地鎮祭は藤原宮の六九三年である。

れ

霊より始めて、零、礼、例、列、冷、隷、黎、劣、烈、麗、連、恋などの漢語がある。「**れ**っきと」したという副詞は、歴の連体形と考えられている。誉《ほまれ》、霰《あられ》、哀《あわれ》、歯切**れ**、さざ**れ**、よだ**れ**、腐**れ**。

「ひふみ祝詞」の最後の「ほれけ」は、なぜか少し長く伸ばすように詠むという。守護霊が少しでもながくこの世に零《こぼ》れ続くように。最後は「気《け》」に任せることにしよう。宇宙の果てこそ「もののけ」で満ち満ちているに違いないのだから。

「ウク**レレ**」という楽器は、ハワイの言葉で蚤《のみ》の音楽という。

け

「け」は何とひふみ祝詞の四十七文字で最後のコトダマである。「もののけ」など、どことなく怪しげな**気**配や神秘性を感じる。**怪**我とか**穢**《けが》れ、**獣**《けだもの》、**ケ**チ、**蹴**《け》るなどを頭に浮かべると、ほとんど「負」のイメージが強い。「気《け》」はモノの内部より外に立ち顕われるものだけに、異常なのかもしれない。浦島太郎の玉手箱からは何が出てきたのだろう。**異**《け》とは常と異なること。**占**《け》や**卦**《け》はうらないである。御《み》**食**《け》とは食事であり、その器を**笥**《け》と言う。**毛**は主に動物の皮を表わす。

さて、**削**《け》ずるとは木などの表面をうすく掻き取るように刃物などで剥ぎ取ることである。柳などで削る「けずり掛け」や「削り花」という和紙を複雑に切りさいたものなどがある。アイヌの「イナウ」もこの伝承の帰路であり、天満宮の鷽《うそ》も削り掛けの一例である。材木や一枚の紙などから浮かびあがってくる、**希**有な**景**色が現われる。

煙《けむり》はモノを焼くけむりのことだが、霞《かすみ》や木の芽などにも用いられる。**貴**《けやか》とは極立って立派なようすのことで、けやかしは形容詞である。**褻**《け》という言葉があり日常、平素の日の生活のことで、改まった日の晴（齋）れの反対語である。

ケナイは家族のこと、従者を**ケ**ライと称し、**ケ**ネは家内のことで妻のこと、日常食で東南アジアなどでは地中で育つ里芋のことを**ケ**イモという。なお、文法上では接尾語としてシ**ケ**、悲し**げ**、寒**け**などがあるが「け」から「こ」に転用して「こ憎らし」とか「こざかしい」という接頭語もいくつか残っている。

蓑《みの》は**ケ**ラとも呼ばれ藁や萱、シュロ、いぐさ、藤皮などで編んだもので、秋田のナマハゲの姿である。

「**け**んけん」とは山の神や雪女のごとく一本足でとぶことである。子供らのけんけんもその延長であろう。

忘れてならないモノに、**鉧**《けら》があり我が国古来の製鋼法で、たたらの炉内から引き出された大塊を破砕選別して各種の和鋼となる。

螻蛄《けら》とは夜行性の昆虫である。**啄**木鳥《けら》はキツツキの別称である。**鳧**《けり》というチドリ科の鳥もいるが、その鳴き声から命名された。「**け**し」からアヘンを採取した。

「**け**」というコトダマの特性は「き」との連絡が顕著《けんちょ》である。見えにくいどこかわからぬ所から来る、霊感でしかわからないナイーブな世界と考えられる。森羅万象と深く結びついていて、ひふみ祝詞の最後のコトダマとは思えない。**化**粧や**華**厳の**気**高さを持っているのではないか。ひふみ祝詞の殿《しんがり》の責務も感じられるのである。「**ケ**・セラ・セラ！」、神のまにまに。

慶徳院（架空人物）さまは、いままでのまるで**け**もののような**化**粧にいや気がさして、その日は**健**気にも**袈**裟のごとき**ケ**ープを身にまとい**蹴**鞠見物に出掛けた。

しかし**蹴**とばされた鞠が**欅**の葉にふれ、落ちてきた**毛**虫に襲われた。にも拘わらずご本人はけろっとしていて少し赤く腫れてしまった跡を白粉《おしろい》で隠し家路についた。とりわけ特別な**ケ**アーは必要でなかったのである。

人の世は**煙**のごとし、流れる水のごとし、いつかいずれかに消えるさだめ。

大祓詞《おおはらへし》

高天原《たかまのはら》に神留《かむづま》り坐《ま》す　皇親神漏岐《すめらがむつかむろぎ》　神漏美《かむろみ》の命《みこと》以《も》ちて　八《や》百《ほ》萬《よろづの》神等《かみたち》を神集《かむつど》へに集《つど》へ賜《たま》ひ　神議《かむはか》りに議《はか》り賜《たま》ひて　我《あ》が皇御孫命《すめみまのみこと》は　豐葦原水穗國《とよあしはらのみづほのくに》を　安國《やすくに》と平《たひら》けく知《し》ろし食《め》せと　事依《ことよ》さし奉《まつ》りき　此《か》く依《よ》さし奉《まつ》りし國中《くぬち》に　荒振《あらぶ》る神等《かみたち》をば　神問《かむと》はしに問《と》はし賜《たま》ひ　神掃《かむはら》ひに掃《はら》ひ賜《たま》ひて　語問《ことと》ひし磐根《いわね》　樹根立《きねたち》　草《くさ》の片葉《かきは》をも語止《ことや》めて　天《あめ》の磐座放《いはくらはな》ち　天《あめ》の八重雲《やへぐも》を伊頭《いつ》の千別《ちわ》きに千別《ちわ》きて　天降《あまくだ》し依《よ》さし奉《まつ》りき　此《か》く依《よ》さし奉《まつ》りし四方《よも》の國中《くになか》と　大倭日高見國《おほやまとひだかみのくに》を安國《やすくに》と定《さだ》め奉《まつ》りて　下《した》つ磐根《いはね》に宮柱太敷《みやばしらふとし》き立《た》て　高天原《たかまのはら》に千木高知《ちぎたかし》りて　皇御孫命《すめみまのみこと》の瑞《みづ》の御殿《みあらか》仕《つか》へ奉《まつ》りて　天《あめ》の御蔭《みかげ》　日《ひ》の御蔭《みかげ》と隱《かく》り坐《ま》して　安國《やすくに》と平《たひら》けく知《し》ろし食《め》さむ國中《くぬち》に成《な》り出《い》でむ天《あめ》の益人等《ますひとら》が　過《あやま》ち犯《をか》しけむ種種《くさぐさ》の罪事《つみごと》は　天《あま》つ罪《つみ》　國《くに》つ罪《つみ》　許許太久《ここだく》の罪《つみ》出《い》でむ　此《か》く出《い》でば　天《あま》つ宮事《みやごと》以《も》ちて　天《あま》つ金木《かなぎ》を本打《もとう》ち切《き》り　末打《すゑう》ち断《た》ちて　千座《ちくら》の置座《おきくら》に置《お》き足《た》らはして　天《あま》つ菅麻《すがそ》を本刈《もとか》り断《た》ち　末刈《すゑか》り切《き》りて　八針《やはり》に取《と》り辟《さ》きて　天《あま》つ祝詞《のりと》の太祝詞《ふとのりと》（＊）事《ごと》を宣《の》れ

此《か》く宣《の》らば　天《あま》つ神《かみ》は天《あめ》の磐門《いはと》を押《お》し披《ひら》きて　天《あめ》の八重雲《やへぐも》を伊頭《いつ》の千別《ちわ》きに千別《ちわ》きて　聞《き》こし食《め》さむ　國《くに》つ神《かみ》は高山《たかやま》の末《すゑ》　短山《ひきやま》の末《すゑ》に上《のぼ》り坐《ま》して　高山《たかやま》の伊褒理《いぼり》　短山《ひきやま》の伊褒理《いぼり》を掻《か》き別《わ》けて聞《き》こし食《め》さむ　此《か》く聞《き》こし食《め》してば　罪《つみ》と言《い》ふ罪《つみ》は在《あ》らじと　科戸《しなど》の風《かぜ》の天《あめ》の

八重雲《やへぐも》を吹《ふ》き放《はな》つ事《こと》の如《ごと》く朝《あした》の御霧《みぎり》夕《ゆふべ》の御霧《みぎり》を　朝風《あさかぜ》　夕風《ゆふかぜ》の吹《ふ》き拂《はら》ふ事《こと》の如《ごと》く　大津《おほつ》邊《べ》に居《お》る大船《おほふね》を　舳《へ》解《と》き放《はな》ち　艫《とも》解《と》き放《はな》ちて　大海原《おほうなばら》に押《お》し放《はな》つ事《こと》の如《ごと》く　彼方《をちかた》の繁木《しげき》が本《もと》を　焼鎌《やきがま》の敏鎌《とがま》以《も》ちて　打《う》ち掃《はら》ふ事《こと》の如《ごと》く　遺《のこ》る罪《つみ》は在《あ》らじと　祓《はら》へ給《たま》ひ清《きよ》め給《たま》ふ事《こと》を

高山《たかやま》の末《すゑ》　短山《ひきやま》の末《すゑ》より　佐久那太理《さくなだり》に落《お》ち多岐《たぎ》つ　速川《はやかは》の瀬《せ》に坐《ま》す瀬織津比賣《せおりつひめ》と言《い》ふ神《かみ》　大海原《おほうなばら》に持《も》ち出《い》でなむ　此《か》く持《も》ち出《い》で往《い》なば　荒潮《あらしほ》の潮《しほ》の八百道《やほぢ》の八潮道《やしほぢ》の潮《しほ》の八百會《やほあい》に坐《ま》す速開都比賣《はやあきつひめ》と言《い》ふ神《かみ》　持《も》ち加加呑《かかの》みてむ　此《か》く加加呑《かかの》みてば　氣吹戸《いぶきど》に坐《ま》す氣吹戸主《いぶきどぬし》と言《い》ふ神《かみ》　根國《ねのくに》　底國《そこのくに》に氣吹《いぶ》き放《はな》ちてむ　此《か》く氣吹《いぶ》き放《はな》ちてば　根國《ねのくに》　底國《そこのくに》に坐《ま》す速佐須良比賣《はやさすらひめ》と言《い》ふ神《かみ》　持《も》ち佐須良《さすら》ひ失《うしな》ひてむ　此《か》く佐須良《さすら》ひ失《うしな》ひてば　罪《つみ》と言《い》ふ罪《つみ》は在《あ》らじと　祓《はら》へ給《たま》ひ清《きよ》め給《たま》ふ事《こと》を　天《あま》つ神《かみ》　國《くに》つ神《かみ》　八百萬神等共《やほよろづのかみたちとも》に　聞《き》こし食《め》せと白《まを》す

（＊）太祝詞とは、ひとつ（ひ）、ふたつ（ふ）、みっつ（み）、よっつ（よ）、いつつ（い）、むっつ（む）、ななつ（な）、やっつ（や）、ここのつ（こ）、とう（と）と、一から十までを二通りの表現をしたので二十（ふと）祝詞という説もある。

番外編「神について」

神という言葉ほど広範囲で使用され多義に富んだコトバはない。その援用と理解についても複雑多岐にわたり、縦横無尽を欲しいままにしている。

そもそも我が国では、鰯《いわし》の頭も信心からとか、お百度参りの願掛けとか、初詣でをはじめとするその時々における人生儀礼として「カミサマ」が登場する。それらは身近に伝えられてきた慣習や習俗であり広く残されている。だから信仰はたとえ願いがかなわなくとも、何かに託すことであり、とりあえずのわずかな安心と望みを持つ時間である。言わば手のりの神ほどの心境であったはずである。近くのお稲荷さんも、海辺で拾った桜貝も、ガールフレンドからもらったサンガも、ひとときでもそれらに頼り精神安定剤になればよいのだ。

参拝とは、今日までのそれなりの無事を感謝することで、何か現世利益などの願いごとをすることではない。神前の三つの音は、鈴と拍手と銭の音である。そこで自力本願の誓いを立てることである。お祓いとは、我欲を捨てることである。

しかし昨今、神業をはじめ神の手とか神対応などに援用され、果てにはオーマイゴッドと叫ぶに至る。人の力を遥かに超えたはずの存在である畏敬なる神をまるで隣人のごとく引き寄せている風景には多少の違和感を覚える。

たわいない名付けと思えば、また誰をも陥れることがなければ、それはそれで流行として甘受すればよく、いわゆる神頼みに罪はない。単にその分野で優秀な特出した能力者に向けられているわけである。そもそも「神」は平らにいえば「〇〇様」のさまにあたり、最上級の敬語であった。かがやきに満ちあふれた崇貴な存在。ただ二〇〇〇年の秋に発表された、旧石器ねつ造の神の手は許されることはない。

本来ならば信仰は人の手助けとなるが、安易に神にこと寄せて周囲に迷惑かけ、多くは様々な争いを発生させてきたのである。偶像を造り人心を弄ぶ手段として救世主をかつぎ出した。家族の崩壊をはじめいくたの弊害をもたらし、醜い紛争を起こしたことは周知の通りである。ありがたいモノに依存してしまう弱さを実感しているのであれば、我欲を削り勧誘を固辞するしかない。ある意味では、従来の伝統的な信仰体系に意に添わぬ意義を感じたために、新興の宗教団体に身を投げる人々が急増したのである。

世界の歴史は常に時の政治権力に支配され、いわゆる「オカミ」というその中枢に座る人たちは決して弱者である個人を護らない。戦争や感染者対策や教育全般でもよく証明されているはずである。

理解不明な規制による目に見えぬ束縛を続行してきた。そのような暴挙は現代社会のいたる所で見ることが出来、しまいには無関心と傍観を生み出した。誰も悪いわけではないという見かけの寛容と真実の核心を隠し責任逃れをする詐欺行為は許されない。

ましてや研究分野や芸術にまで及べばもはや錯乱状態である。こうした行動が今回の疫病を招いたと言っても過言ではないだろう。人間の強欲と無知と高慢という本能と無責任と排他主義……。まさか二度目の月と地球の衝突を想定しているのか、否地球のみを破滅しようとしているのか、もはや二〇二二年、世界の死者だけで六百六十六万人を超えた。ちなみに我が国の犠牲者は、東日本大震災をはるかに超える五万六千人である。

こうした大人たちの行動様式は、実は子供らの〝いじめ〟の問題とも深く関わっているのではないか。標的を定め己れを安全地帯に身を置く魂胆である。同調圧力に加担し群れを頼んで自分では責任をとらぬのであれば家族も破綻するだろう。大勢からはみ出ることを恐れる傍観者の一群である。それらの九割を占める人々は常に曖昧と無難と便乗と忖度を武器としながら許されると考える自己愛を主張し野次馬を決めつけるのである。

その人々の共通点はいわゆる「普通自任層」という普通の日本人であるということである。その人々はなぜか箸を持つ時その箸と親指を直角に交差させることである。ペンも筆も同様である。

「empathy」とは、共感し感情を移入することで共有すること。ある思想家はこの心情が危険であるという。国のために戦っている兵士に対する同情心、我が子が通う学校運営の一助のために協力を強いられる父母たちの動揺、町内をより良くするために仲間はずれを恐れて自治会活動に致し方なく参加すること等それらからはみ出される「非国民」は現在なお受け継がれているのである。そして、日本人の潜在的な保守意識を体現している。だから、八十二年前の戦さもこの人々が〇〇〇〇。「一本の鉛筆と一枚のざら紙があったならば」「うっせぇ！　もういやだ」と書く。

さて、それにしても気がかりは、信仰とまでは言わなくとも若い人らがあこがれるヒーローやアイドルといわれる一種の偶像たちである。「地上の哀愁を憂う」ために、種々の不安を癒す効果をもたらす存在なのである。非日常のときめきこそ子供らには無上の喜びであり救世主である。だが、ヒーローやアイドルたちは、実は多くの痛みと危険にさらされているのが実情である。だから、いつの日か自分をとり巻く現実と対峙して魂を粉々にして我に還ってほしい。

等身大の我が身を見据え、ボクがボクであり続ける覚悟と勇気があればよいのである。you are you。握手ではなく手をつなぎ散歩の出来るボーイやガールに出会えれば「命の理由」を考え直し、君自身がヒーローになってしまえばもうそれは断乳である。たとえ「不協和音」が発生しても太陽は見上げる人々を選ばないはずである。それならば、いっそのこと母の体内から奇跡的にこの世に生まれ現出した自分自身を神の分御霊《わけみたま》、すなわち分身として生きることも自由の範疇であろう。行かなくちゃ、だからよそには行かないで、黙りこまないで、目をつぶらないで君の所に行かなくちゃ。

「親ガチャ」ではなく、実は「子ガチャ」である。遺伝子やその他の要因でどんな子が授かるか、さらにいかに育っていくかわからない。親の手出しには限界があり、この世に生まれたら「配られたカード」で勝負するしかない。自らが関心をそそぐ得意な分野を発見し、語学力、身体能力、創造力、計算力、教育、……などに目覚め持続すれば、きっと誰かが声をかけてくれるに違いない。

さて、バオバブという精霊が宿ると信じられている樹は、一億年前から常に新しい命を飛ばし各地に根をおろし高所より生物群を見守ってきた。アフリカ、タンザニアの乾期に入ったバオバブの巨樹は、ヒヒに青い実を与え、ゾウたちには樹皮と木陰を用意する。だから我ら人類はシーラカンスやカブトガニらの子孫であるという自明を想像力を駆使して脳幹に復元すればよいのである。

ことによれば我らの前世は、あのサンショウウオの妹であり、ヤギの兄であり、牛の弟であり、オオカミの子であったかもしれない。ただコウノトリの親は誰だったのだろうか。まさか六千六百万年前のナヌークサウルスか、気嚢《きのう》システムを持つエオラプドルなのか。アスリートらの前世は、生後一日以内に百メートルの断崖絶壁を飛び下りる鳥「カオジロガン」か。

一億年前から生息する地上の星、蛍にしても、ときめく恋も出来るが短い生涯を生きる、この小さき惑星に棲むはかない存在である。生命体の一員として我らと変わらぬ同質の命運を思わざるを得ない。

そうしたならば一度限りの消えゆく音を「あはれ」と思い、その一音一音を接ぎはぎ奏でながら〈私〉という寄る辺なき運命の侘しさを癒す音楽を練りあげてほしい。霊力が宿る言霊の力を信じ書き添えてほしい。そのためにもしなやかな耳を育ててほしい。世界から語りかけてくる様々な音に敏感であってほしい。「イヤーズクリーニング」の励行である。世界はまだ発見されることを期待しているのであるから、この宇宙の一音一景を表現することで森羅万象の〝つぶやき〟を聴き直してほしい。

詩作は神の名を呼ぶことであるならば、八百万の神々（森羅万象）に魂を振るわせることだろう。音は我らの呼吸であり窒息してはならない。「空の声が聞きたくて、風の音に耳をすませ、川の音と山の声をボクの声に乗せて」。二〇二二年一月十六日午前十一時半近くのM公園でギターをかかえた見知らぬ青年からビートルズとボブディランと彼の自作の歌を聞いたら春の風が辺りに吹き始めた。

「森羅万象の恩恵に感謝しつつ、食物をむさぼり、よく労き、隣人とも納得のいくまで意見を交し、今『here and now』を全力で生きることを宣言することであろう。そうすれば、苦を楽に変換することが出来る。全てを生かし育て許し合い助け合いながら生きる極意」

を千五百年前の「大祓詞《おほはらへし》」は伝えている。

さて、人と神との交流を果たしてきた神の使徒として、烏や狐や熊や鹿や猿やふくろうや神烏《こがらす》と黒揚羽などは常に神人の結界を行き来してきた。森羅万象のなかで生かされている人間にとり、かけがえのなき師であり仲間でありはらからなのである。編者はよく身辺に冬の蜂がその季節に現れるが、それは死者の使いであった。

確かに神の名付けは豊穣なる物語に覆われて多岐に亘り計り知れない。このことは八百万の文脈を持つ宇宙の総体が語られていると理解出来る。たとえそれらの物語が饒舌に展開され聞きづらくとも、飽くまでもそれらは神様の領域であり、史実でなくとも文芸、ロマンの一つとして享受すればよいのではないか。出雲大社の三本の柱は、伝承でなく実際に発見された。

いつの世にもフィクション、昔語り、仕かけやふるまいは必要である。むしろ詩歌、戯曲、小説などには現実を超えるインパクトが発信されてきた。作家が苦しむほど小説が面白くなるのは、史実の柱にどのような仕掛けをはめ込んだのか。世の中の一切のことは虚偽に写ったという一休宗純の言葉は決して大げさではないだろう。

この頃、マイ箸とか聞くけれど、いつか「マイ神社」という身の丈にふさわしい社《やしろ》に邂《かい》逅《こう》して「方寸のすきまと一刻の無為」にその身を委ねつつ、思わぬ太古の風を感じられるならばそれで満足であり至福とも考える。編者は昔訪れた江ノ電が参道を横切る鎌倉のある社でそれを感じた。神は君にしか感じられない姿なき風のなかに棲んでいる。奇跡的なこの宇宙に生かされながら一輪の花として生き延びてほしい。

終わりにあたり、命に深く関わる職業として医術、教育、金融に就く場合は充分な配慮を願いたい。コンセプトは、使命感とそれなりの覚悟である。マインドコントロールが悪用され正しく機能せずに実施される、立場の優位による勧誘と強制とゆるやかな強迫である。

先生は元より、師とか官とか士とか閑栖（前、住職）と呼ばれる人々は立場をわきまえる必要がある。

医師はかつて、血圧測定と心音の確認だけで診察とみなし、いわゆる問診（視診、触診、聴診、打診）は行きわたらず、過剰な薬剤投与と種々の検査の指示を強要してきた。しかし今や感染症治療という人類の危機に対峙することとなり、夜も寝ることもできない。

ましてや二〇二一年暮れに、一人の精神科医師を放火により失ったばかりである。多くの失業者を支えた享年四十九歳の無念の死を誰が引き継ぐのか。さらに同年、訪問治療に尽くした医師も逆恨みで凶弾に倒れた。たとえいかなる引き継ぎや人生の変換があろうとも、天啓や転職を越えた「マレビト」である。

また、教師は常に上から目線による教えの画一化と生徒らを縛りつける理解に苦しむ校則の実施、固有で柔軟な輝きを持つ若者らの心を押しつぶす。教育が「わかる」ことを目ざしているならば、「わかる」の内味は「変わる」ことであり、自分も世界も新しい見方が出来るようになることだろう。しかし現状は統合失調症の教師が増えている。夜も眠れないのだ。

「いじめ」の問題にしても、それに気づきたくない、面倒に巻き込まれ通常の自己の仕事に差し支えるという理由で「隠蔽」することになるわけで、学園の自己防衛が彼らの意図である。教育委員会も同罪である。しかも、その学校と取り巻き、支援するPTAをはじめ各種校外委員らの構成員らと言えば、彼ら自身の家庭こそが何らかの破綻を起こしており、すでに火の車であったと編者は記憶している。大人たちが家庭から逃避する際の都合のよい場所であり、その人選こそが問題であった。代行業者が横行する時代である。

そして、貸付けによる利子や利鞘（マルチ商法）の報酬は、明らかに金銭への執着であり、現世利益を懇願する人らの経済至上主義の筆頭である。この世だけでよいから、自分だけ幸福になりたいという我欲で充満している。しかしながら相場師らは、常に世界の金融情勢に振り回されている。賭けであり、膨張と縮小の連続。しかし、誰かがこれら三つの命がけの仕事をしなければ世界はさらに混迷を深めることは確かなのである。

お布施や初穂料をねだり神仏に仕えていると自負する全国数万の諸人らも同様である。安定した世間並みの経済基盤の確保ばかりか、それ以上の生活を望んでいる。それら三者は、あるいは五者はこの世の勝ち組からこぼれたくないという焦燥である。それを先導しているのは千代田区〇〇町で生きている人々である。

立場を悪用する弱者への暴力がそこに実在している。無論彼ら全ての人間がそうであると言うのではない。箸を持てない人の割合と同数がその落とし穴に身を投げていると断言できる。方針、視野、検討、姿勢などをはじめとする詭弁に近い言い訳とごまかしが横行する。総合的な判断、丁寧な説明、再発防止に尽力、専門家の意見を踏まえ……どこかにコピーライターが存在しているのか。都合のよい言葉の乱用である。KANRYŌ。レトリック常習犯。

ましてや戦争ともなれば、「自存自衛」「大東亜共栄圏」「駆逐米英」「一億総決起」「軍神九柱」果てには「神風が吹く」に至った。二〇二二年春に始まった戦争の先達《せんだつ》である。

しかし、我が国は今やのどかな国となり、

「トースト（通す）で　済ます朝めし　立食いで
　ミサイル通過　知るすべもなし」H・K

「私がいちばんきれいだったとき」の詩人は、人や暮らしや時代のせいにするな、自分の感受性ぐらい自分で守れと苦言を残した。

後で少しずつ自然に感じることになるので、日本人にはなじめない宗教関連はなるべく避けて通り、農林水産、建築、調理、造園、染色、陶芸、漆器、衣料、理容、舞踏、すなわち「用と美」の追求と興奮である。そして旅人。

長い旅程を歩き続けながら十七文字の推敲をやめなかった芭蕉、そのモデルの人物像がなくなるまで削り続けたジャコメッティ、一気に休むことなく版木と格闘した棟方志功、生活のなかのあらゆる音たちを拾い続けたジョン・ケージと武満徹、紙片を糊で継ぎはぎ貼りながら添削作業をやめなかった宮澤賢治らをはじめとする多くの作家たちは、全霊全身による営みであった。合掌。ジョン・ケージは、一九六二年伊勢神宮参拝の後に四分三十三秒の無音の音楽を発表した。

自分にふさわしい相方と出会いたいのは誰も同じだろうが、愛は自分とは異なる人への理解力だから命がけであり、無私にして忍耐力と諦観力を身に付けなければならない。結婚は一生をかけて相方を研究する実験室なので、その部屋からの退室は許されないのである。

では、どうすればよいのか。配偶者やパートナーの領分（時間、親族、部屋、趣味、飲食、衣服など）を侵犯しないことである。自分の宗教観をはじめ種々の価値観を相手に押しつけないことであろう。洗濯と清掃は相互に分担した方がよい。食事も最近は便利な即席モノが豊富だから、会食は二日で一度程度でも、それぞれの時刻や胃袋や仕事など深刻な条件を携えているからだ。

ただ、寝室が大問題であり、同部屋ならば、相手の健康状態をいち早く判明出来るという利点がある。しかし仮にそれが難しいとわかった時点では別室にした方がよく、必要ならば侵入すればよい。

人は、おそらく「食べる」ために生きている。快楽伝達物質であるドーパミンは、食べる、与える、そして認められたいという学習を担当する脳の中央に位置している。だから時に外食、ピクニック、タコ焼きパーティ、寿司パーティなどを敢行したらどうか。そのためにも料理のトレーニングに常々励むことであろう。冷凍食品も上手に利用しながら調理とはストレスの解消とサプリメントからの逃避を実現できる。炊、焼、蒸、煮、和、漬。

終わりにあたり「相方」の定義を次のように理解すると人生は楽に感じられる。

その日は生憎傘を持ってなく、降り始めて困っていたが、あるご婦人からどうぞと誘われ相合い傘となり喜んだ。途中、国道に出たら彼女は田んぼの側、自分は国道側に立つことになった。トラックなどが通る度にものすごい水しぶきでズボンなどはすっかりびしょびしょになった。苦情の出る余地はなく、駅に着いた時に「ありがとうございました」と礼を言うより仕方なかった。一つの傘にいっしょに入ったら何の抵抗も出来ないのである。妻《つま》と、子供らを命をかけて守る立場なのだと諦めること。この話は、実はある宮司より聞いたこの世で生きる極意である。実話である。

父から息子へ

君が生まれた時は、毎日のように成長日記をつけて写真を撮ったり、小学生ともなれば各地を父子の旅に出た。でも父はとにかく酒好きで君から「警告！」が発せられることもしばしばあった。さぞや心細かったに違いない。救急車に乗せられた父の名前を隊員に聞かれた時など……。

親は子を信じたいが親の力を以ってもどうしようもない事件も起きる。親をうとましく思う時もあっただろう。怪我や病気にも見舞われるだろう。よくわからないコトに悩み、反撥し激怒したり落胆もするだろう。犯罪に手を染めることにもなるかもしれない。あの時はどうしようもなかったのだ。

だから傷ついてもいい、負けてもいい、途中で投げ出して逃げ出してもいい、でも死ぬな。そして親ガチャと言わずに自らの力できり開いてほしい。人生は恋に始まり、受験を経て就職して結婚の後は相続が待っている。成年を待たず異性との出会いも、それなりにあるだろう。率直に自然にその場の空気に占居され流されて……。恋はカミナリのごとく突然やってくる。自らの感性に響く部分があったら、時の流れにまかせて時と所を共にすればよい。

愛は二人で進行させるのだから、己れの足元と相方のまなこをよく見るといい。きっといき違いや誤解やうらみや疑惑も発生するだろう。でもそれを彼女のせいにしたら、君の人生はおそらく錆《さび》ついたものになるだろう。相手のかがやきのひとつでも発見出来ればいいのだから。彼女自身も気づいていない美しさを見つけだせればいい。

美しさは体型でも話し方でも顔でもない、自己主張のあまりないたおやかな仕草と身振りかもしれない。科《しな》をつくったり、あざとい意図やツンデレでは振り回されるだけだ。顔形などの外見上の美しさは飽《あ》きが来るが、「教養」はいつまでも変質することなく、その人を支える心の中心となると思う。二人とも欠点で充満していることを忘れてはならない。教養は、その人の身にしみこんだ痛みや悲しみや喜びの総体（経験）であり知識ではない。

しかし、それらの欠点に気づいても、あまり気にならなかったり忘れるほどに彼女が素適と思えば猛アタックすればいい。人の魅力は、実は欠けている部分があるからこそ、いとしいと思い、補い合い、かばうことになるのだから。急げ。

母から娘へ

今どきの女の子にはならないで！　うそっ、やだぁ、おいひい、ムリムリ、うまっ。少しは世間のファッションとズレがあっても、自分の感覚を大事にして自信を持ってほしい。人の目に訴えたり無難な道を選ぶのではなく、自然や季節の風景にとけこむことを心がけてネ。それは異性に対しても同様だと思うよ。恋に失敗してもしょうがないよ。互いに同感する部分と当然ながら異なる処もあるのだから。

貴女がこれまでに育ててきたはずの感性と直感を信じて、いろいろな人を好きになってネ。愛のカタチは様々なのだから。でも自分の考えを強引に押しつけたり、相手の言いなりにもならず、ほどよい交差点を探せばいいと思うよ。我らのふるさとである宇宙の塵の一つであるはずのあなたは、きっとこの地球上をランダムウォークで進むのだろうからネ。

時には里芋とイカを煮たりしたら。鯵のマリネやアクアパッツァやパエリアとは言わないけれど、グラタンくらい挑戦したらきっと楽しい一日になると思うわ。季節のモノを口にして、目にやさしい景色にも触れて！　親のことは心配せずに自分の幸せを探してほしい。結婚が全てではないし、何事も授かり物なのだから一人で生きることも選択肢のひとつだし、その方がずっと充実した人生を送る人々がいることを忘れないで。何事かに興奮する日々を送れば、一日はまたたく間に過ぎ一生ですら三百六十五日と六時間ほどしかないことがわかると思うよ。急いで!!

三十代以上、未婚、子なしは、決して負け犬ではなく、自分の人生は自分で決めてネ。でも、結婚を希望しない人の割合は四千人のうち男性は一七・三パーセント、女性は一四・六パーセント（二〇二二年調査）であったけれどね。

花を愛で、音に酔いしれ、動物を飼い、山に登り、フラも楽しみ、ソフトヨガで体を動かし、多肉茎植物も育て、友とお茶をして、一人になったら日記をポエムで埋め尽くそう。主題は空と海と山である。この三つを観察するために旅に出よう。誰かに出会うに違いない。決して鬼にならないで。

人生のアスリートになるために、岡部伊都子、白洲正子、佐藤道子の弟子になればいいと思う。もう会えないけれども。

終わりにあたり、昔より行なわれている一人息子を溺愛する母、一人娘をペットとする母の愛は認めざるを得ないだろう。相方と何らかの理由で離れたがために、夫に理解を得られないがために我が子を所有するに至った彼女の悲しみはとてつもなく深い。自立とか親ばなれという常套句の出る幕はない。ありきたりの見切り発車の結婚で無惨な生活を強いられるより親の世話をすればよい。親を見送れば自由になれる。人生は五十歳からおもしろくなるのよ。

たとえ『シンプルな情熱』アニー・エルノー（仏・二〇二二年ノーベル文学賞）を胸にいだこうとも、私は貴方を見捨てることはないからネ。映画「あのこと」オードレイ・ディバン監督を隠すことなく、これからも自分に正直に生きなさい。自分を許し自分を忘れるほどに生きぬくのよ。

父から娘へ

ダメだったら帰ってこい。母さんとおまえで三人マージャンをしよう。
ロン！「三色同順」

母から息子へ

きっとモヤモヤするから干渉《かんしょう》はしないわ。

でもネ、結婚は今だって「家と家」ということを忘れないで。遺伝子をはじめ、人生儀礼の執行とも関わるのよ。孫の視野を広げてあげてネ。

編集後記

太古の言の葉を学習し始めてから、はや十五年ほどが経過してしまった。言葉の語源への関心ではなく、それ以前の〝つぶやき〟のごとき人類の脳内をのぞく旅である。それは地球上のあらゆる場所で発せられた音であり、パンデミックな興奮であったはずだ。

当初は「縄文国語辞典」であったが、それを遡る旧石器時代へと変質したのは石器の使用からしてもその方が適切ではないかと考え直したわけである。文化が成熟する縄文以前の萌芽の時代に焦点を絞る必要があったわけである。期せずして、編者は岩宿遺跡で「斜軸尖頭器」が発掘された年に生まれた。

音への気づきは、自らの身体のうごめきだけでも当然に実感出来たに違いない。口をはじめ手足を動因することで足踏みと手拍子を添えながら、より活動的になったと想像出来る。時に、川瀬のせせらぎの音に自身の体内を流れる血流を感得し、また風にたなびき翻弄される雲の流れに得体の知れぬ不安を覚えたか。雷鳴には運命の階《きざはし》を直感したか。

自然界にあっては、木の実が自らの力ではじき出し舞い落ちる奇妙な音、早朝に花開く蓮の音、求愛する鳥たちの甘い声、滝壺に落下する水の音が太鼓の音に聞こえたり、遠州灘では波小僧と呼ばれ、やはり太鼓を連打する恐ろしい音であったと。ましてや隕石の落下する爆音は地上の終焉を予期したかもしれない。

木と木、木と石とかを打ちながらいつの日か鼓《つつみ》を造り出したり、また紐状のモノを作り何かの物体と擦ることで奇妙な音も発見しつつ、音楽（リズム）を発見した。撥弦楽器の初期と言えよう。ついには王様の物語や村の歴史を身体と太鼓を用いて後世に伝えようとした。むろん、現世に嬉びをもって踊り続けたに違いない。ギニア共和国のマリンケ族の場合、リズムの種類は三百を超えるという。

踊りとは、音取りであり音を耳に入れて身体を揺らすことである。人類の先達らは自然界の音魂と共振しつつ身近な様々の物と合体・駆使することで音楽の発見と併せて言の葉の発見の途に就いたわけである。今はそれらの一音一字をポエムにしたり、各地の祭りを挙げながら語釈と解釈を添えつつ、俳句や和歌などの形態を採用しながら人類の原風景をのぞいてみた。

この編集が終着駅でなく始発駅になればと思うのは、中高生らに読んで頂ければと願っている次第である。なぜかと言えばいつ地球外生物がこの地球にやってくるか、その時の接触方法（会話と身ぶり）を今から準備出来るのは諸君である。

一九七二年の探査機パイオニア号と一九七七年のボイジャーの二機は「宇宙言語」リン

コスの調査のために打ち上げられた。冥王星よりはるかかなたにある球状星体からの返事は宇宙的時間を経るという。リンコスとは数学、時間、行動、空間から成り立ち、五十五種の言語で常に地球を監視しているというが。

同質の運命を持っているはずの異形の惑星人へ唱える呪文の稽古に励まねばならない。その時諸君は世界共通語である八万年前の言の葉を駆使せねばなるまい。ひふみよ……祓え給え清め給へ、色は匂えど散りぬるを、アッ、ウッ、タッタ、サッー、ウォー……。不思議なことに、「ひふみ」と「大祓」も意味を探るより口に出して唱えるだけで、幸福感が得られるのはなぜだろうか。だから実はこの辞典には旧石器語などどこにも書かれていないのである。書かれているのはその当時の人類たちの心境なり想像上の「言の端」に過ぎない。諸君らの宿題である。遺産とは、残すことではなく、伝え育てること。だからそれらの遺物なり遺産の名残を上代から現代に至るまでの歴史から見い出そうとしたわけである。

終わりにあたり、今想うことはもしも言葉がなかったならば人類が言語を発見しなかったならばというパラドックスである。弓はコトバから出来たと言う。人類を人類たらしめている言の葉は、いつの頃から禍々しい世界をも構築してしまったのか。

飛行機事故で急逝したある著作家は「言葉が怖い」という。それは一種の過呼吸ではないか。「どこかで言葉が怯《おび》えた獣のように目を光らせて、こちらを睨《にら》みつけているのである」。

あるいは「すべての言語は枯れ葉一枚の意味すらなかった」のである。「太鼓言葉」を放棄し、バーチャルの世界に翻弄され押しつぶされてしまうのか。口笛を吹く「中宮土偶」は誰を迎え送ろうとしているのか。フゴッペ洞窟の絵画こそ言語以前の闇の象形群である。人はことによれば言葉に支配され逆襲にあったのではないだろうか。「夕焼けに言葉を失い、星空に畏れを抱く、いのちはそれだけで十分なのに」。そうであるならば、もう沈黙しかなく、ただ立ちつくすのみである。

あれだけ労苦を重ねて綴ってきた「コトバ」はいつのまにか人を過保護にして甘やかし、人と争ったり、はぐらかせたり、モラハラの武器として変質、暴走を続けた。元々コトバの〝コト〟とは事実と行為と言の三位一体を表わし御言・命・誠と変遷した。祝詞による祈祷や和歌などに見られる呪力の面である。

万葉集に詠み人知らずの歌があるが、「ひふみ祝詞」も「大祓詞」も作者はわからないでいる。無名代は意図的であったのか。あるいは合作であるかも判明しない。でも「君が代」は和漢朗詠集で詠まれたが、しっかり読めば、大事なコトバが巧みに隠されている。

二十一世紀に生きる者として、言葉やそれを取り巻く現状で生かされていると、心の中の深い湖底で息をしているかもわからぬ、幸でも不幸でもなく眠りに就きたいと願うようになる。チェロ奏者で時にスキューバダイビングにいそしむある音楽家は、海中の自然が生んだ色合いは音楽が持つ不確定さや人の感情にも通じる面があり、自分の呼吸だけが聞こえる快感があると。

これがマインド・フルネス（瞑想）である。禅のごとくに観察も実験も何もなく、ましてや公案などを必要としない世界をベトナムの僧テイク・ナット・ハンはわかりやすく広めた。

装束も姿勢も心構えなど何の束縛もないのである。自分の鼻から出てくる息の音を聞くだけの簡素な作法であり、ハンカチを真四角にたたむ時ほどのわずかな集中力でこと足りる世界であり、想わない、考えない、悩まない境地が得られるのである。他にも墨をする、茶を点てることなどでも実現出来る世界である。

近代以降様々なマシーンは、チャップリンに言われるまでもなく、ひたすら人間を自動化させ、こらしめその脳幹を傷つけることになった。

今さらながらも、古代エジプトやアフリカのごとく言葉も文字もなかった時代の方がマインドは豊かではなかったか。たとえ不便で危険な日々が続いたにしても。一見幸福を招くかに思えた進歩、有益、便利、豊穣などはむしろ不幸をもたらす契機ではなかったか。

ヒトとは〝日徒〟であり日輪に育まれて生かされる者という原義である。

言葉こそが意に反して危険をはらみ、フェイクの元凶なのである。偽善を増産する凶器となったことは誰しも認めることと考えられる。嘘と言えば食品をはじめ報道、教育、薬、声、心となれば無限の恐怖を生み続けたわけである。とりわけ、はぐらかす行為。

我々の祖は五感をフルに活用し、多くのセンサーを有していた。魚だって「側線」という海や川の水質や異物を感知するセンサーを持っている。人の尾の跡もセンサーの名残である。

さて中宮寺の「菩薩半跏思惟像」は、宇宙的な時間を経た後までには全ての衆生を救うと伝えられている。その時まで地球は存在するのか。終末時計からすれば、残り時間はあと百秒となった。宇宙時間から逆算すれば、おそらく我々は救われることはないだろう。釈迦入滅より二千五百六十余年、もはや言葉を断念して音のみを頼りに生きるしかないのか。耳を病んでも作曲を続けたベートーベンの苦しみを今さらに思わざるを得ない。彼のピアノ線は一本増やして一音につき四本にして三十二歳で遺書を残した。宇宙の光の映像を残してくれたジョーダン・ベルソンの旅に出よう。

今こそ洗練かつ鍛錬された楽曲、演劇、舞踏、絵画、彫刻、建築、文芸を目撃しよう。そして宇宙のあらゆる気をはらんだ「コトバ」に接してもらいたい。ゲームや通信や聖地巡礼だけに時間を費やすことなく、先人たちの遺産に触れてほしい。推シ。

H・Kですら時に夜を徹してアニソンを聴き独酌のなか「コトダマ」と格闘しているという。この夢のような一場春夢の人間の一生なのだから、目的もない旅に出るのもおもしろいかもしれない。おそらくそこで出会った〝事件〟が君の人生を決定するのではないだろうか。

終わりにあたり末尾ながらこの原稿を令和二年夏より二年間に亘り入力・整理していただいたのは、長田茂氏でありますす。同氏は永年弊社の祭員としてもご奉仕いただいた恩人である。このたびの編纂のきっかけとなったのは、疫病流行の元で出来ることは何かと問うた結果である。この世では、全ての負を正に変換することが神道の真骨頂である。

あとがき

そもそもこの世には、時間というモノはなく単純に一定にただ過ぎてゆくものではなく、たびたびスイッチバックすることにもなる。さらにすぐ近くに別の時間が並行して居る。時間は連続していないのである。虚実の揺らぎのなかにある。漏剋《ろうこく》（日本後紀）から現代のストロンチウム原子を利用した「光格子時計魔法」に至るまで、頭の楔前部で生まれる。時はすなわち、脳の中で生まれる運命である。

若年の頃は特急で進み、老人ともなれば鈍行と準特急の交互で進み、時には臨時停車することもある。突然何かのきっかけであの時が甦ったり「拾い集めれば一つの流れを感知し、探していたコトの本質に気づかされることにもなる」（須賀敦子）。

たった一つの音で過ぎ去った時間が蘇ったり、小さな三つの音（コラ・ボケール）ともなればその当時の生活の核心すら復元されるのである。ただ、仮にトラウマとなる要素・資材が残っているならば、時間を要してもあわてずに少しずつ除去し乗り越えればよい。出来れば「忘却」が最大の作戦となるはずである。

たとえ過去にいまわしい体験があっても、あのコトがあったからこそ今があるというポジティブな志向が望ましい。様々な経験こそがキミをより強くするに違いない。これでよいのだ！　という現状肯定主義の採用である。体験を積めば先人に近づく。

具体的な作戦としては、「ひふみ」か「大祓」の祝詞をゆっくりと唱えればよい。でもこの二つを強制・難解と感じるならば、何かに夢中になることである。

例えば踊り（トランス）、水泳（無我）、和弓（集中）などがある。さらにもっと身近を探せば折り紙・料理・茶道・ジョギングなどがある。とりわけ手を動かす土いじり（畑・園芸・陶芸）は有効である。

問題は文字であり綴る行為はことによればリバウンドのきっかけになる可能性を秘めているかもしれない。映像についても同様の落とし穴になるとすれば、「恋」はさらに賭けとなるのか。ぶり返すか不安を消し去る契機になるかの馬の背である。

歩くだけのマインド・フルネスもあるにしても、ただぼんやり歩くことは思考（思い出す）に直結するとすれば、むしろ走る方がよく、汗をかき肢体全体を動かすことである。また、旅に出てもやはりむしろ過去の自分の生活環境を思い出すことにもなりかねない。薬に依存したり、自傷行為に走ったりゲーム等におぼれるのは一層危険である。従来自分には無用と思われたコトに心を寄せることであり、花を生ける、星座の学習、木工、ピアノなどあまたの物質が君を待っているはずである。最後の提案はハンカチにアイロンをかけてたたむことであり、マインド・フルネスの初歩の体験である。たわいない、小さな集中である。

場所というモノもこの世にはなく、ここにいてもどこか別の所にいる感覚に襲われるなどをはじめとし、想像力を駆使すれば自在に移ることも可能となる。未来の街の姿も思い描くことも出来よう。ルネ・マグリットの絵は過去か未来かわからないけれど。

また、今いるこの場所はいつか以前に居合わせたような錯覚とも眩惑とも言える体験である。この不思議な経験は記憶を担う脳の働きなのだろうか。記憶を超える原体験の複合体と考えるならば、自己の生誕時の原風景をも含まれているのか。

前前前前世まで遡るともなれば、すでにトラウマの介入の余地はなく、「現実」の領域や概念や定義は失われるに違いない。二年前早朝五時四十三分に観測出来た宇宙探査機のごとく、蛸《たこ》のように自由に漂いながら踊り続ける存在を知覚するのである。

さらに形というモノもなく、常に変容することが余儀なくされ、顔が三面の阿修羅像や金山彦命の神像、根付、生花などあらゆる方角から見れば一つの形は複数の形へと変化しつづける。とりわけ夢の世界では全ての姿が膨張したり収縮されていても、「見えるモノは移ろいやすく見えぬモノこそ永遠」なのかもしれない。

また、色というモノもなく、光により虹のごとくに変幻自在、無限に近いとも言える。人間の目の錐体細胞というセンサーから考えても、二色型色覚と三色型色覚とに大別されており、人類は四色から始まり、今日の二色と三色の混在へと進化した経緯がある。紫陽花、秋の空、玉虫、万華鏡。そして耀変天目茶碗やひかりごけやステンドグラスや泉すら時の経過や季節の光ごとに変容する。オパール。

他にも不思議な言葉があり、「観音（音を見る）」「聴雪（雪が降る音を聞く）」。香道では嗅ぐではなくやはり聴くと言うなど五感の乱気流を知ることになる。言葉にも臭覚があるのはおそらく記憶によるものであろう。

六十歳を過ぎる頃になると少年時代に経験した流れる小川の藻や草のにおい、蓮華や野いちご、ひなたのスイカの香りや麦わらの臭いなどが、ある時急に脳裏をよぎり、とりわけ野火や雑木林の落ち葉などのにおいは縄文的な記憶かもしれない。当時の〝おやつ〟は、つばな、たわらぐみ、ゆすらうめ、むかごなどであった。

これほどに、不安定なヒト、浮遊しつづけるヒト、不確実なヒト、不透明なヒト、無明なるヒトであるならば、そして全てが「今」という一瞬に詰め込まれているとするならば、まずは歩いてみよう、唄おう、音を出そう、書いてみよう、話してみよう、そして一服の抹茶を有漏離亭にて（編者の茶室）飲もう。今とは、命を真っ向からまともに、真っすぐな心で真命《まいのち》を生かす時のことである。

歌詞のなかでも、とりわけ「今」と「明日」と「時」を駆使しつづけた歌姫の事故死は致し方なかったのだろうか。病に「負けないでもう少し」考え直してほしかった。医療施設の階段の手摺りに不備はなかったのか。厄年三十九歳の旅立ちであった。「中今《なかいま》」とは、神道で「たったの今」という今を感謝することが勧められている。

主な参考図書

一、「神道〈いのち〉を伝える」他シリーズ五冊　葉室頼昭　春秋社
二、「日本民俗語大辞典」　石上堅・津田元一郎　桜楓社
三、「字訓」　白川静　平凡社
四、「日本俗信辞典」（動・植物編）　鈴木棠三　角川書店
五、「日本語はどこから来たか」　津田元一郎　人文書院
六、「万葉ことば事典」　青木生子、橋本達雄 編　大和書房
七、「ヒトはいつから人間になったのか」　リチャード・リーキー　草思社
八、「生命の秘密・グーテンベルクの森」　柳澤桂子　岩波書店
九、「神代文字で治療師になる」　片野貴夫　ヒカルランド
十、「世阿弥」他　今泉淑夫　吉川弘文館
十一、「言霊」　鳥居礼　たま出版
十二、「音、沈黙と測りあえるほどに」　武満徹　新潮社

十三、「コトバ、言葉、ことば」　川田順造　青土社
十四、「花嫁と独身者たち」カルヴィン・トムキンズ　美術出版社

―言魂年表―

旧石器時代　六十万年前～一万三千年前
後期三万年前頃、東京都の小金井、三鷹、調布、狛江に流れる野川流域に十五人～二十五人ほどが居住していた（二〇〇七年、明治大学、三鷹・調布両教育委員会発表）

縄文時代　紀元前一万一〇〇〇年
三五〇〇～二〇〇〇年頃、三内丸山遺跡（およそ五百人）
　この時代に、ひふみ祝詞をはじめ、ホツマツタエ、フトマニ、あわ歌（あいうえおの原型）、カタカムナ文字、縄文文字ヲシテによるトホカミエヒタメ暦が生まれる

弥生時代　紀元前四〇〇年
二三九年　卑弥呼、魏より倭王の称号を受く
二二二年頃、秀真伝（ほつまつたえ―大直根子命）
一一一年頃、漢字伝来

古墳時代　西暦三〇〇年
三〇五年頃、伊勢神宮鎮座（崇仁天皇）
三三三年頃、大和朝廷統一
三五三年頃、石上神宮鎮座（崇神天皇）
三六九年　泰始四年五月十六日（朝鮮年号）、百済より「七支刀《しちしとう》」が奉献される（桓武天皇）
五三八年　仏教公伝
六〇〇年頃　朝鮮（高句麗）より和紙が伝えられる

飛鳥時代　六〇四年　聖徳太子十七条憲法
六六六年頃、「大祓詞」の起源（中臣氏）
六九〇年　第一回伊勢神宮遷宮祭（持統天皇）
七一二年　古事記（稗田阿礼―太安万呂）
七二〇年　日本書紀
七三三年頃、万葉仮名八十七文字
七七〇年　万葉集

平安時代　七九四年
八一八年頃、天地の唄四十八文字
八八八年頃、いろは四十七文字（最古一〇七九年）　作者は空海？
八九〇〜一〇一二年　和漢朗詠集
九一四年　古今和歌集
九二七〜九六九年「延喜式」（第八巻に「大祓詞」所収）
九三八年　倭名類聚鈔（通常、和名鈔）（源順）―最初の国語辞典
一〇〇〇年頃、「あいうえお」が一般に流布される。

室町時代　一三三八年
一四五六年頃「節用集」　編者未詳

江戸時代　一六〇三年
一六〇三年「日葡辞書」（長崎版）

明治時代　一八六八年
一八六八年「日仏辞書」（レオン・パヂェス）

昭和以降、現代

一九五五年　「広辞苑」（新村出、岩波書店）

一九六〇年　「大漢和辞典」（諸橋轍次、大修館書店）

一九七二年　「新明解国語辞典」（金田一京助他、三省堂）

一九七六年　「日本国語大辞典」（小学館）

二〇〇〇年　「白川静著作集」（平凡社）

著者プロフィール

小島 八良右衛門（こじま はちろうえもん）

1949年 生まれ
1972年 明治学院大学仏文科卒業
1982年 國學院大學神道学専攻科卒業
現在、調布・金山彦神社（鎮座550年）宮司

旧石器・国語辞典 中高生への遺言

2023年 3 月15日 初版第 1 刷発行

著　者 小島 八良右衛門
発行者 瓜谷 綱延
発行所 株式会社文芸社
〒160-0022 東京都新宿区新宿1－10－1
電話 03-5369-3060（代表）
03-5369-2299（販売）

印刷所 株式会社エーヴィスシステムズ

ISBN978-4-286-28001-1 JASRAC 出 2210051－201